Las 4000 PALABRAS más usadas en INGLÉS

LAS 4000 PALABRAS MÁS USADAS EN INGLÉS

JESSE ITUARTE

Grupo Editorial Tomo, S.A. de C.V.,
Nicolás San Juan 1043,
03100, México, D.F.

1a. edición, julio 2008.
2a. edición, noviembre 2013.

Nicolás San Juan 1043, Col. Del Valle
03100, México, D.F.
Tels. 5575-6615 • 5575-8701 y 5575-0186
Fax. 5575-6695
http://www.grupotomo.com.mx
ISBN-13: 978-970-775-382-2
Miembro de la Cámara Nacional
de la Industria Editorial No. 2961

Diseño de portada: Trilce Romero
Diseño tipográfico: Luis Raúl Garibay Díaz
Supervisor de producción: Leonardo Figueroa

Impreso en México - Printed in Mexico

Introducción

Este pequeño y útil libro presenta 4000 de las palabras más comunes del idioma inglés, da su significado en español e indica la manera de pronunciarlas. Es un libro para principiantes que puedes llevar contigo a donde vayas y consultarlo. A medida que aumenten tus conocimientos del inglés, necesitarás diccionarios más avanzados y con explicaciones más extensas. Estamos seguros que éste te será de gran utilidad en las etapas iniciales de tu aprendizaje.

¡Mucha suerte!

Bases de la pronunciación inglesa

El inglés, a diferencia del español, no se escribe como se pronuncia. Por esa razón este manual incluye una "guía de pronunciación". Aunque muchos sonidos del inglés son parecidos a los del español, existen diferencias en la forma de pronunciarlos, en su duración o en su intensidad. Una de las diferencias importantes es que en inglés debemos pronunciar con fuerza todas las consonantes que vienen al final de la palabra. Por ejemplo, al decir "right" (correcto) pronunciamos RAIT, no RAI.

El inglés en sí tiene un ritmo diferente al del español. Tú podrás irte acostumbrando a ese ritmo a medida que escuches hablar a la gente.

En esta sección se presentan los sonidos del inglés comparados con los del español, e indicaciones sobre su pronunciación, de modo que puedas empezar a familiarizarte con los sonidos de este idioma.

SONIDOS VOCÁLICOS

Letra	Ejemplo en inglés	Como aparece en este manual	Explicación	Ejemplo de una palabra en español
A	cat (gato)	**a**	Sonido intermedio entre la a de gato y la *e* de queso	m-ae-sa (masa) combinando "a" con "e".
A	name (nombre)	ei	Como en "seis"	seis
A	father (padre)	a	Como en "paja", pero prolongado	paaaja
A	admire (admirar)	*a*	Sonido intermedio entre "e" y "o"*	
E	heat (calor)	i	Como en "misa"	misa
E	men (hombres)	e	Como en "mesa"	mesa
E	here (aquí)	ia	Como en "mía"	mía
I	right (correcto)	**ai**	Como en "hay"	hay
I	hit (golpear)	*I*	Como en "afirmar"	afirmar
O	top (parte de arriba)	**O**	Sonido intermedio entre "a" y "o"	
O	go (ir)	ou	"o" de cómo junto a la "u" de suyo	

** Este sonido intermedio también se escribe con otras letras. En la guía aparecerá así: a, e, i, o, u.*

Letra	Ejemplo en inglés	Como aparece en este manual	Explicación	Ejemplo de una palabra en español
O	bought (compró)	o	Sonido de la "o" de por, prolongada	pooor
U	use (usar)	iu		
U	cut (cortar)	*u*	Sonido intermedio entre "e" y "o"	
OO	boot (bota)	**u**	La "u" de uno, prolongada	uuuno
OO	book (libro)	u	La "u" de burro, acortada	burro
Y	buyer (comprador)	i	Sonido de vocal, "i" como en aire	aire

SONIDOS DE LAS CONSONANTES

1. Algunas consonantes se pronuncian igual que en español: F, M, N, CH.
2. Algunas son parecidas a las del español, pero más fuertes: B, D, C, D, G, P, T.
3. Algunas consonantes tienen una pronunciación diferente que el español.

Consonante	Ejemplo en inglés	Explicación	Cómo aparece en el manual
G	dog (perro)	El sonido de la "g" en goma, pero aspirado	G
G	general (general)	El sonido de la "Y" argentina, casi como una "ch"	**Y**

Consonante	Ejemplo en inglés	Explicación	Cómo aparece en el manual
H	hot (caliente)	Sonido aspirado, como la "j" de jerga pero mucho más suave	*J*
J	job (trabajo)	El sonido de la "Y" argentina, casi como una "ch"	**Y**
L	late (tarde)	Sonido más sonoro que la "l" española	L
R	rosa (rose)	Sonido semivocálico; se pronuncia elevando la lengua hacia el paladar	R
V	have (tener)	Sonido parecido a la "F", pero sonoro	V
W	we (nosotros)	Sonido vocálico, como el de "hueco"	U
Y	you (tú)	Sonido vocálico, como una "i"	I
Z	zebra (cebra)	Como la "s" de "mismo", pero sonora y vibrada	*S*
TH	thin (delgado)	Como la "c" de "dice" y la "z" de "azul" en la pronunciación castiza española (pon la lengua entre los dientes y sopla ligeramente)	*Z*
TH	then (entonces)	Sonido suave de la "d", como en "cada"	*D*
NG	sing (cantar)	Como la "n" de "tengo"	NG
SH	she (ella)	Sonido que usamos para callar a alguien	SH
ZH	measure (medida)	Sonido de la "Y" argentina	*Y*
WH	where (dónde)	Como la "j", pero más suave	*J*

ACENTOS

En inglés no se escriben los acentos, como se hace en español, pero sí se pronuncian. En este manual, la sílaba acentuada se escribirá con mayúsculas. Practica pronunciando los acentos de estas palabras en español:

corBAta	naRANja	cintuRÓN
teneDOR	PLANta	manZAna
pasTEL	VERde	vesTIdo
calceTÍN	PIña	ensaLAda

A

Inglés	Pronunciación	Significado
abacus	*A*B*a*k*u*s	ábaco
abdominal	abDOM*i*nl	abdominal
abscess	ABs*e*s	absceso
absent	ABs*e*nt	ausente
absolute	ABs*o*l*u*t	absoluto
absolve	*a*bSOLV	absolver
absorb	*a*bSORB	absorber
abuse	*a*bIUS	abuso
abyss	*a*BIS	abismo
academy	*a*KAD*e*mi	academia
accelerate	*a*kSEL*e*reit	acelerar
accent	AKs*e*nt	acento
accept	*a*kSEPT	aceptar
access	AKs*e*s	acceso
accomplish	*a*KOMpl*i*sh	llevar a cabo, lograr
ache	EIK	dolor
achieve	*a*CHIV	realizar, alcanzar
acquaintance	*a*KUEINt*e*ns	persona conocida
acquire	*a*KUAIR	adquirir

Inglés	**Pronunciación**	**Significado**
across	*a*KROS	a través, al otro lado
actually	AKchu*a*li	en realidad
acupuncture	*a*kiuP*U*NKtr	acupuntura
acute	*a*KIUT	agudo
addict	AD*i*kt	adicto
address	*a*DRES	dirección; dirigir la palabra
adequate	AD*e*ku*i*t	adecuado
adhere	ad*J*IR	adherirse
adjacent	*a*dYEIs*e*nt	adyacente
adjective	ADyekt*i*v	adjetivo
admirable	ADmir*a*bl	admirable
admittance	*a*dMITens	admisión, acceso
adrenalin	*a*DREn*e*l*i*n	adrenalina
adult	AD*e*lt	adulto
advantage	adVANt*i*ch	ventaja
advantageous	advanTEIy*e*s	ventajoso
advent	ADvent	Adviento, llegada
adversary	ADversri	adversario
advertise	ADv*e*rtais	anunciar
advertisement	*a*dVERt*i*sment	anuncio
advise	*a*dVAIS	aconsejar
aeronautics	er*o*NOtiks	aeronáutica

Inglés	Pronunciación	Significado
affair	*a*FEI*R*	asunto
affluence	AFlu*e*ns	afluencia
again	*a*GEN	de nuevo
against	*a*GENST	contra
agenda	*a*YENd*a*	agenda, programa
aggravate	AGr*e*veit	empeorar, molestar
aggressive	*a*GREs*i*v	agresivo
agile	Ay*i*l	ágil
agrarian	*a*GREr*ie*n	agrario
aide	EID	ayudante
air	ER	aire
alien	EIl*ie*n	extraño, extranjero
allergic	*a*L*E*Ry*i*k	alérgico(a)
alleviate	*a*LIVIeit	aliviar, mitigar
allies	ALais	aliados
almanac	ALm*a*nak	almanaque
almond	ALm*e*nd	almendra
alternative	olT*E*Rn*a*t*i*v	alternativa
altitude	OLtitiud	altitud
aluminum	*a*LUMin*e*m	aluminio
amateur	AMet*e*r	aficionado
Amazon	AM*as*on	amazona
ambassador	amBAS*e*dr	embajador

Inglés	Pronunciación	Significado
ambiguity	amBIguiti	ambigüedad
ambulance	AMbuil*a*ns	ambulancia
ambush	AMbush	emboscar, emboscada
amen	eiMEN	amén
amendment	*a*MENDment	enmienda
amnesia	amNIsha	amnesia
amnesty	AMnesti	amnistía
amperage	AMperich	amperaje
amphetamine	amFET*e*m*i*n	anfetamina
amphibian	amFIB*ie*n	anfibio
amplify	AMpl*i*fai	amplificar
amusement	*a*MIU*S*ment	diversión
analgesic	an*a*lYEsik	analgésico
analysis	*a*NAL*i*s*i*s	análisis
analytic	an*a*LItik	analítico
analyze	an*a*LAI*S*	analizar
anarchy	AN*e*rki	anarquía
anatomy	*a*NAT*e*my	anatomía
anecdote	AN*e*kdout	anécdota
anesthesia	anesZIsha	anestesia
anesthesiologist	aneszi*S*IOL*e*yist	anestesiólogo
anew	*a*NIU	de nuevo
angel	EINy*e*l	ángel

Inglés	Pronunciación	Significado
angle	ANgl	ángulo
Anglican	ANglik*a*n	anglicano
angry	ANgri	enojado
anguish	ANGuish	angustia
angular	ANguil*e*r	angular
ankle	ANkl	tobillo
annihilate	*a*NAI*e*leit	aniquilar
anniversary	aniVERs*e*ry	aniversario
annual	AÑu*e*l	anual
anoint	aNOINT	ungir
anonymous	*a*NONim*u*s	anónimo
answer	ANsr	respuesta
antagonism	anTAG*e*nism	antagonismo
antelope	ANt*i*loup	antílope
anthem	ANz*e*m	himno (nacional), cántico
anthropology	anzr*e*POL*e*gi	antropología
antibiotic	antiBAI*e*tik	antibiótico
anticipate	anT*Isi*peit	anticipar
antidote	ANt*i*dout	antídoto
antipathy	anTIpazi	antipatía
antique	anTIK	antigüedad
anxiety	angSAI*e*ti	ansiedad

Inglés	Pronunciación	Significado
anybody	EN*i*-BOd*i*	cualquier persona
apathy	AP*a*zi	apatía
apiece	*a*PIS	a cada uno
apocalyptic	*a*pok*e*LIPt*i*k	apocalíptico
apologetic	*a*pol*e*YEt*i*k	apologético
apostle	*a*POSl	apóstol
apparel	*a*PAR*e*l	ropa, vestido
apparent	*a*PAR*e*nt	aparente
appeal	*a*PIL	apelar, apelación, petición
appease	*a*PIS	apaciguar
appendectomy	ap*e*nDEKt*e*mi	operación del apéndice
appetite	APetait	apetito
applause	*a*PLOS	aplauso
applicant	APlik*e*nt	solicitante
application	apl*i*KAIsh*e*n	solicitud, dedicación
appreciation	*a*prisiEIsh*e*n	aprecio, reconocimiento
apprentice	*a*PRENtis	aprendiz
appropriate	*a*PROUpri*e*t	apropriado, adecuado
approval	*a*PRUV*e*l	aprobación
apricot	APr*i*kot	albaricoque
April	EIpr*i*l	abril
aptitude	APt*i*tuid	aptitud

Inglés	**Pronunciación**	**Significado**
aquarium	*a*KUEri*e*m	acuario
aquatic	*a*KUAtik	acuático
aqueduct	*a*KUEd*u*kt	acueducto
Arab	AR*e*b	árabe
arbitrary	ARb*i*tr*e*ri	arbitrario
archeologist	arKEOl*o*yist	arqueólogo
archaic	arKEIK	arcaico
archangel	arKEINy*e*l	anrcángel
archbishop	archBISH*e*p	arzobispo
archdiocese	archDAI*e*sis	arquidiócesis
architect	ARk*i*tekt	arquitecto
architecture	ark*i*TEKchur	arquitectura
ardent	ARd*e*nt	ardiente
argument	ARgiument	argumento, discusión
aristocracy	ar*is*TOKr*e*si	aristocracia
aristocrat	*a*RISt*e*kr*e*t	aristócrata
arithmetic	*a*RIZmetik	aritmética
Arizona	ar*i*SOUN*a*	Arizona
Arkansas	ARk*a*nso	Arkansas
armistice	ARm*i*st*i*s	armisticio
arouse	*a*RAU*S*	despertar
arrangement	*a*REIN*Y*ment	arreglo
array	*a*REI	poner en orden

Inglés	**Pronunciación**	**Significado**
arrival	*a*RAIvl	llegada
arsenal	ARs*e*n*a*l	arsenal
arsenic	ARsenic	arsénico
arson	ARs*o*n	incendio premeditado
artery	ARt*e*ri	arteria
arthritis	arzRAIt*i*s	artritis
artichoke	ARtichouk	alcachofa
articulate	arTIk*u*leit	articular, enunciar claramente
artifice	ARt*i*fis	artificio
artificial	artiFIsh*e*l	artificial
artillery	arTIL*e*ri	artillería
artisan	ARtis*a*n	artesano
artist	ARTist	artista
artistic	arTISt*i*k	artístico
ascend	*a*SEND	ascender
ashamed	*a*SHEIMD	avergonzado
ashore	*a*SHOR	en tierra
Asia	EISH*a*	Asia
aside	*a*SAID	a un lado
asparagus	*a*sPAR*a*g*u*s	espárrago
aspect	ASpekt	aspecto
asphalt	ASf*a*lt	asfalto

Inglés	Pronunciación	Significado
aspire	*as*PAIR	aspirar
aspirin	ASpirin	aspirina
assassin	*a*SAS*i*n	asesino
assault	*a*SOLT	asalto, ataque
assembly	*a*SEMbli	asamblea
assert	*a*SERT	afirmar
assiduous	*a*SIDu*e*s	asiduo
assign	*a*SAIN	asignar
assimilate	*a*SIM*i*leit	asimilar
associate	*a*SOUshi-eit	asociar, asociado
association	*a*sousiEIsh*e*n	asociación
assume	*a*SIUM	asumir, suponer
asteroid	ASt*e*roid	asteroide
asthma	AZm*a*	asma
astray	*as*TREI	fuera del camino
astrologer	*as*TROL*o*y*e*r	astrólogo
astronaut	AStr*o*n*a*t	astronauta
asylum	*a*SAIl*e*m	asilo
atheist	EIzist	ateo
atmosphere	ATmosfir	atmósfera
atrocity	*a*TROs*i*ti	atrocidad
attain	*a*TEIN	lograr
attempt	*a*TEMPT	intentar

Inglés	**Pronunciación**	**Significado**
attention	*a*TENsh*e*n	atención
attitude	AT*i*tud	actitud
attorney	*a*T*U*Rni	abogado
attribute (v)	*a*TRIBiut	atribuir
attribute (s)	ATr*i*biut	atributo
audacity	*o*DAs*i*ti	audacia
audience	ODiens	audiencia, auditorio
audition	oDIshen	audición
auditor	ADitr	auditor
August	OG*u*st	agosto
aunt	ANT	tía
austerity	osTER*i*ti	austeridad
authentic	oZENtic	auténtico
author	OZ*e*r	autor
authority	oZOR*i*ti	autoridad
authorization	oz*o*r*i*SEIsh*e*n	autorización
autobiography	oz*o*baiOgrafi	autobiografía
automatic	otoMATik	automático
autonomy	oTONomi	autonomía
autumn	OT*u*m	otoño
available	*a*VEILebl	disponible
avenue	AVenu	avenida
average	AVriy	promedio

Inglés	Pronunciación	Significado
avoid	*a*VOID	evitar
awesome	Os*u*m	imponente, fantástico
awful	Oful	terrible
awkward	OKu*e*rd	torpe
axe	AX	hacha
axiom	AXi*e*m	axioma

B

Inglés	Pronunciación	Significado
bachelor	BAchelr	soltero
baggage	BAgiy	equipaje
balcony	BALconi	balcón
balloon	baLUN	globo
banister	BAnistr	barandal
bank	BANK	banco (empresa bancaria)
bankruptcy	BANKrupci	bancarrota
banquet	BANkuit	banquete
baptism	BAPtism	bautismo
barbarian	barBErian	bárbaro
barbecue	BARbikiu	parrillada
bargain	BARgin	ganga
barley	BARli	cebada
barometer	barROmetr	barómetro
barometric	baroMEtric	barométrico
barrel	BAril	barril
barracks	BArecs	barracas
barricade	BArikeid	barricada, obstáculo

Inglés	Pronunciación	Significado
barren	BAr*e*n	estéril, árido
barrier	BArier	barrera
barrister	BAr*i*str	abogado
base	beis	base
basement	BEISm*e*nt	sótano
basic	BEIs*i*c	básico
basket	BASk*i*t	canasta
bass	BAS	(en música) bajo, grave, contrabajo
bastion	BASt*ie*n	bastión, baluarte
bath	BA*D*	baño
battalion	b*e*TAl*io*n	batallón
battery	BAt*e*ri	pila, batería
battle	BAtl	batalla
beach	BICH	playa, ribera
beacon	BIcn	faro
beagle	BIgl	perro pequeño
beam	BIM	rayo de luz, viga, tablón
bean	BIN	frijol, alubia, haba
bear	BER	oso, soportar
bearing	BERing	porte, presencia
beast	BIST	bestia

Inglés	Pronunciación	Significado
beat	BIT	golpear
beautician	biuTIsh*e*n	cosmetólogo(a)
beautiful	BIUt*i*f*u*l	hermoso(a)
beauty	BIUti	belleza
because	b*i*K*US*	porque
become	b*i*K*E*M	llegar a ser
bedroom	BEDr*u*m	recámara, dormitorio
bee	BI	abeja
beef	BIF	carne de res
beer	BIR	cerveza
before	b*i*FOR	antes
beg	BEG	suplicar
begin	b*i*G*I*N	empezar
behalf	b*iJ*AF	a favor de
behavior	b*iJ*EIv*ie*r	comportamiento
behind	b*iJ*AIND	detrás
belfry	BELfri	campanario
belief	b*i*LIF	creencia
believe	biLI*F*	creer
bellow	BElou	gritar, bramar
beneath	biNI*D*	debajo
beneficial	beneFIsh*e*l	benéfico
benefit	BEnef*i*t	beneficio

Inglés	Pronunciación	Significado
benevolence	benevolence	benevolencia
benign	BInain	benigno
berserk	b*e*rSERK	furioso
beside	b*i*SAID	cerca de
besides	b*i*SAIDS	además, también
betray	b*i*TREI	traicionar
between	b*i*TUIN	entre
beverage	BEVrich	bebida, brebaje
beware	b*i*WER	estar alerta
bewilder	b*i*WILdr	confundir
bewitch	b*i*WICH	hechizar
beyond	b*i*IOND	más allá
Bible	BAIbl	Biblia
biblical	BIblikl	bíblico
bibliography	b*i*bli**O**gr*e*f*i*	bibliografía
bicycle	BAIc*i*kl	bicicleta
bilingual	baiL*I*Ngu*e*l	bilingüe
billboard	B*I*L-BORD	cartelera
billiards	B*I*Lierds	billar
bind	BAIND	atar
binder	BAINdr	encuadernador
binoculars	baiN**O**kiulers	binóculo, gemelos
biographer	bai**O**grefr	biógrafo

Inglés	**Pronunciación**	**Significado**
biography	bai**O**grefi	biografía
biology	bai**O**l*e*yi	biología
bird	B*E*RD	pájaro, ave
bishop	B*I*sh*e*p	obispo
bite	BAIT	morder
bitter	B*I*Tr	amargo
biweekly	BAIuikli	quincenal
blade	BLEID	hoja, cuchilla
blame	BLEIM	culpa, culpar
blare	BLER	sonar con fuerza
bleed	BLID	sangrar
blind	BLAIND	ciego
blizzard	BLIserd	ventisca
blood	BL*O*D	sangre
bloom	BLUM	florecer
blouse	BLAUS	blusa
blush	BL*E*SH	sonrojarse
board	BORD	tablero
boat	BOUT	barco
boisterous	BOISt*e*r*e*s	ruidoso
bomb	**BOM**	bomba
bone	BOUN	hueso
book	B*U*K	libro

Inglés	Pronunciación	Significado
boot	BUT	bota, botín
boredom	BORd*o*m	aburrimiento
borrow	B**O**rou	pedir prestado
boomerang	BUm*e*rang	bumerang
booth	BU*D*	puesto, cabina
both	BOU*D*	ambos
bother	BA*d*r	molestar
bottle	B**O**tl	botella
bought	BOT	compró, comprado
boulder	BOULdr	piedra grande
boulevard	BUlivr	bulevar
bounce	BOUNS	rebotar
bound	BOUN**D**	destinado, amarrado
boundary	BOUNdri	límite, frontera
bouquet	buKE	ramo de flores
bow	BAU	reverencia, arco, proa
bowl	BOUL	tazón, bolo (en el juego de bolos)
brace	BREIS	abrazadera, puntal, reforzar
bracelet	BREISl*i*t	pulsera
braid	BREID	trenzar, trenza
brain	BREIN	cerebro

Inglés	**Pronunciación**	**Significado**
brake	BREIK	freno
brave	BREIV	valiente
brawl	BROL	alborotar, alboroto
breach	BRICH	rompimiento
bread	BRED	pan
break	BREIK	romper
breakfast	BREKfast	desayuno
breast	BREST	pecho
breath	BRE*D*	respiración
breathe	BRI*D*	respirar
breed	BRI**D**	engendrar, criar
breeze	BRI**S**	brisa
brewery	BR**U***ery*	cervecería
bribe	BRAIB	soborno
bride	BRAID	novia, desposada
bridegroom	BRAID-GR**U**M	novio, desposado
bridesmaid	BRAIDS-MEID	dama de la novia
bridge	BRIDCH	puente
bridle	BRAIdl	brida, freno
brief	BRIF	breve
briefcase	BRIF-KEIS	portafolio
briefing	BRIFing	instrucciones
brigade	briGEI**D**	brigada

Inglés	Pronunciación	Significado
bristle	BRIsl	cerda, pelusa
broad	BROD	ancho
bronchitis	bronKAIt*i*s	bronquitis
bronze	BRONS	bronce
brooch	BRUCH	broche
brook	BRUK	arroyo
brown	BRAUN	color café
browse	BRAUS	curiosear
bruise	BRUS	golpear, golpe
brush	BR*U*SH	cepillar, cepillo
bubble	B*U*BL	burbuja
bugle	BIUgl	corneta
build	B*I*LD	construir
bundle	BUNdl	manojo
buoyancy	BOI*e*nci	flotabilidad, elasticidad
burden	B*U*Rd*e*n	carga
bureau	BIUrou	cómoda, escritorio, oficina
bureaucracy	biuRAkr*e*ci	burocracia
burglar	B*U*Rglr	ladrón
burglary	B*U*Rgl*e*ri	asalto
burial	BEri*e*l	sepultura
business	B*I*Sn*i*s	negocio

Inglés	Pronunciación	Significado
busy	B*I*si	ocupado
butcher	B*U*Tchr	carnicero
buy	BAI	comprar

C

Inglés	**Pronunciación**	**Significado**
cabbage	KAB*iy*	col
cable	KEIBL	cable
cage	KEIY	jaula
cake	KEIK	pastel
calculate	KALkiulait	calcular
calf	KAF	becerro
call	KOL	llamar
candidate	KANdideit	candidato
candle	KANDL	vela
cane	KEIN	bastón
canyon	KANi*e*n	cañón, desfiladero
capability	keip*a*BIL*i*ty	capacidad, aptitud
capacity	k*a*PAs*i*ti	capacidad, habilidad
capitalism	KAP*ita*lism	capitalismo
capsize	KAPsai*s*	volcarse
captain	KAPt*e*n	capitán
caption	KAPshen	título, encabezado
captive	KAPt*i*v	cautivo
capture	KAPchur	capturar

Inglés	Pronunciación	Significado
carbohydrate	karbo/AIdreit	carbohidrato
cardboard	KARDbord	pizarra
cardiology	kardiOLogi	cardiología
career	kaRIR	carrera
carefree	KERfri	despreocupado, alegre
careful	KERful	cuidadoso
carrousel	KAResel	carrusel
carpenter	KARpenter	carpintero
carriage	KARiy	carruaje
cartilage	KARtiliy	cartílago
cartoon	karTUN	dibujos animados
cartridge	KARtrich	cartucho
case	KEIS	caso
cashier	kaSHIR	cajero
cashmere	KASHmir	casimir
castaway	KASTeuei	náufrago, abandonado
castle	KASL	castillo
casualty	KAshulti	accidente, víctima de accidente
cataclysm	KATeklism	cataclism
catalogue	KATelog	catálogo
cataract	KATeract	catarata
catch	KACH	atrapar

Inglés	Pronunciación	Significado
cathedral	kaZIdral	catedral
catholic	KAzolik	católico
catsup	KEchup	salsa de tomate
cattle	KATL	ganado
caught	KOT	atrapado
cauliflower	KOLiflaur	coliflor
cause	KOS	causa
cauterize	KOTerais	cauterizar
caution	KOshen	cautela
cave	KEIV	cueva
cavern	KAVern	caverna
cavity	KAViti	cavidad, caries
cease	SIS	cesar
cedar	SIDer	cedro
ceiling	SILing	techo
celebrate	CELebreit	celebrar
celebration	seleBREIshen	celebración
cellar	SELer	sótano, bodega
cello	CHElou	violonchelo
cemetery	SEMetery	cementerio
centennial	senTENiel	centenario
centigrade	SENtigreid	centígrado
centralize	SENtrelais	centralizar

Inglés	**Pronunciación**	**Significado**
century	SENchuri	siglo
ceramics	seRAM*i*ks	cerámica
cereal	SIRi*e*l	cereal
ceremony	SER*e*m*o*ny	ceremonia
certain	SERt*e*n	seguro
certificate	serTIF*i*keit	certificado, diploma
certify	SERt*i*fai	certificar
chain	CHEIN	cadena
chairman	CHERman	presidente (de junta directiva)
chalk	CHOK	tiza, gis
challenge	CHALin**y**	reto, desafío
chamber	CHEIMb*e*r	cámara
champion	CHAMpi*o*n	campeón
change	CHEIN**Y**	cambio
chaos	KEI*u*s	caos
character	KAR*a*ktr	carácter
charcoal	CHARkoul	carbón
charge	CHAR**Y**	carga, cargo
charity	CHAR*i*ti	caridad
chase	CHEIS	perseguir
chateau	sh**a**TO	mansión
chauffeur	SHOf*e*r	chofer

Inglés	Pronunciación	Significado
cheap	CHIP	barato
cheat	CHIT	engañar
checkers	CHEK*e*rs	juego de damas
checkmate	CHEKmeit	jaque mate
cheeky	CHIK*i*	descarado
cheer	CHIR	regocijo
cheerleader	CHIRlidr	porrista
cheese	CHIS	queso
chemist	KEMist	químico (de profesión), boticario
chemistry	KEM*i*stri	química
cherish	CHERish	atesorar
cherry	CHERi	cereza
cherub	KERub	querubín
chestnut	CHESn*u*t	castaña
chew	CHU	masticar
chief	CHIF	jefe
chieftain	CHIFtein	jefe tribal, cacique
child	CHAILD	niño(a)
children	CHILdren	niños(as)
chime	CHAIM	campanas, campaneo
chimney	CHIMni	chimenea
China	CHAIna	China

Inglés	Pronunciación	Significado
Chinese	chaiNIS	chino (de nacionalidad)
chiropractor	KAIR*o*praktr	quiropráctico
chivalry	SHIV*e*lri	caballerosidad, hidalguía
chlorine	KLORin	cloro
chocolate	CHOKlet	chocolate
choice	CHOIS	elección, opción
choir	KUAIR	coro
choke	CHOUK	sofocar, asfixiar
choose	CHUS	escoger
chord	KORD	cuerda
chore	CHOR	tarea, faena
choreographer	koriOgrafer	coreógrafo
chose	CHOUS	eligió, escogió
chosen	CHOUsn	elegido
chowder	CHAUdr	sopa de almejas
Christ	KRAIST	Cristo
christen	KRIs*e*n	bautizar
Christian	KRISchen	cristiano
Christmas	KRISmas	Navidad
chubby	CH*U*Bi	gordito(a)
chuckle	CH*U*KL	reír entre dientes
church	CH*U*RCH	iglesia

Inglés	**Pronunciación**	**Significado**
cider	SAID*er*	sidra
cinnamon	SIN*a*m*u*n	canela
circle	S*I*Rkl	círculo
circuit	S*I*Rkuit	circuito
circumference	s*i*rK*U*Mferens	circunferencia
circumstance	S*I*Rk*u*mstans	circunstancia
circus	S*I*Rk*e*s	circo
citizen	S*I*T*i*sen	ciudadano
city	S*I*Ti	ciudad
claim	KLEIM	reclamar
classical	KLAS*i*kl	clásico(a)
classmate	KLASmeit	compañero de clase
clause	KLOS	cláusula
claw	KLO	garra
clean	KLIN	limpio(a)
clear	KLIR	claro(a)
clergy	KL*E*Ryi	clero
client	KLAIent	cliente
clientele	klienTEL	clientela
climb	KLAIM	trepar, ascender
cloak	KLOAK	capa, manto
close	KLOUS	cerrar
cloth	KLOZ	ropa

Inglés	Pronunciación	Significado
cloud	KLAUD	nube
clown	KLAUN	payaso
clue	KLU	indicio, pista
clumsy	KL*U*Msi	torpe
clutch	KL*U*CH	agarrar
coach	KOUCH	carro, carruaje; entrenador
coal	KOUL	carbón
coast	KOUST	costa
coat	KOUT	saco, abrigo
coax	KOUX	persuadir
cobblestone	KOBLstoun	adoquín
code	KOUD	código
coffee	K**O**Fi	café
cohesion	ko*J*Ish*e*n	cohesión
coincidence	koINs*i*dens	coincidencia
cold	KOULD	frío
collapse	k*o*LAPS	derrumbarse
collect	k*o*LECKT	coleccionar, cobrar
college	KOl*i*ch	colegio, universidad
collide	k*o*LAID	chocar con
collision	k*o*LISH*e*n	choque
column	KOL*u*m	columna

Inglés	Pronunciación	Significado
combine	c*o*mBAIN	combinar
comedy	KOM*e*di	comedia
commander	k*o*MANd*er*	comandante
committee	k*o*MITi	comité
communicate	k*o*MIUnikeit	comunicar
commuter	k*o*MIUtr	persona que se traslada al trabajo
compare	k*o*mPER	comparar
comparison	k*o*mPARis*o*n	comparación
compass	KOMpas	brújula
compatible	k*o*mPAT*i*bl	compatible
compete	k*o*mPIT	competir
competitor	k*o*mPETitr	competidor
compile	k*o*mPAIL	compilar
complain	k*o*mPLEIN	quejarse
complete	k*o*mPLIT	completo
compliance	k*o*mPLAI*e*ns	docilidad
complicated	KOMpl*i*keited	complicado
comply	k*o*mPLAI	cumplir, obedecer
compound	k*o*mPAUND	compuesto, mezcla; combinar
comprehensive	k*o*mpr*i*JENs*i*v	completo, extenso
comprise	k*o*mPRAI*S*	incluir, abarcar

Inglés	Pronunciación	Significado
compromise	KOMpr*o*mais	concesión; transigir
compulsive	k*o*mP*U*Ls*i*v	compulsivo
computer	k*o*mPIUtr	computadora
comrade	KOMreid	camarada
conceal	k*o*nSIL	ocultar
conceit	k*o*nSIT	orgullo, presunción
conceive	k*o*nSIV	concebir
concentrate	KONs*e*ntreit	concentrarse
concierge	k*o*nSIERY	conserje, portero
concise	k*o*nSAIS	conciso
conclusive	k*o*nKLUs*i*v	decisivo
concrete	k*o*nKRIT	concreto
condition	k*o*nDIsh*e*n	condición
condolence	KONd*o*lens	condolencia, pésame
conduct	KONd*u*kt	conducta
cone	KOUN	cono
confabulate	k*o*nFABiuleit	confabularse
confederacy	k*o*nFED*e*rasy	confederación
confession	k*o*nFESH*e*n	confesión
confide	k*o*nFAID	confiar
confidential	k*o*nfiDENsh*a*l	confidencial
confine	k*o*nFAIN	confinar
confiscate	KONf*i*skeit	confiscar

Inglés	**Pronunciación**	**Significado**
conflagration	k*o*nflaGREIsh*e*n	conflagración
conflict	KONflikt	conflicto
confrontation	k*o*nfr*o*nTEIsh*e*n	confrontación
confuse	k*o*nFIUS	confundir
congeal	k*o*nYIL	cuajar, congelar
congenial	k*o*nYIN*ia*l	agradable
congratulate	k*o*nGRATiuleit	felicitar
congregate	KONgregeit	congregar, congregarse
conjugate	k*o*nyuGEIT	conjugar
conjunction	k*o*nY*U*NKshen	conjunción
conjure	k*o*nYUR	conjurar, suplicar
conquer	KONk*e*r	conquistar
consciense	KONshens	conciencia
consciously	KONsh*u*sli	conscientemente
consecrate	KONsekreit	consagrar
consideration	k*o*nsideREIsh*e*n	consideración
consolation	k*o*nsoLEIshen	consolación
conspiracy	k*o*nsPIR*e*si	conspiración
constellation	k*o*nsteLEIsh*e*n	constelación
constitute	KONStitiut	constituir
construct	k*o*nsTR*U*CT	construir
container	k*o*nTEIN*e*r	envase, recipiente
contemporary	k*o*nTEMP*o*rari	contemporáneo

Inglés	**Pronunciación**	**Significado**
continue	k*o*nTINiu	continuar
contour	k*o*nTUR	contorno
contribute	k*o*nTRIbiut	contribuir
contrive	k*o*nTRAIV	idear, inventar
converge	k*o*nVER**Y**	convergir
conversation	k*o*nv*e*rSEIsh*e*n	conversación
conversion	k*o*nVERsh*e*n	conversión
convince	k*o*nVINS	convencer
cook	KUK	cocinero(a)
cookie	KUKi	galleta
cool	KUL	fresco
cooperate	kou-e-PEReit	cooperar
coordinate	kou-er-DINeit	coordinar
cop	K**O**P	policía
cope	KOUP	arreglárselas
copilot	KOUpail*e*t	copiloto
copyright	K**O**P*i*rait	derechos de autor
cordial	KOR*ya*l	cordial
core	KOR	parte central
corner	KORn*e*r	rincón, esquina
corporation	korp*o*REIsh*e*n	corporación
corps	KOR	grupo de integrantes
corpse	KORPS	cadáver

Inglés	Pronunciación	Significado
correspondence	k*o*resPONdens	correspondencia
corruption	k*o*R*U*Psh*e*n	corrupción
cosmonaut	KOSm*o*n*a*t	cosmonauta
cottage	KOTiy	cabaña
cotton	KOTn	algodón
couch	KAUCH	sofá
cough	K*U*F	toser, tos
could	K*U*D	pretérito de CAN, poder
council	KAUNsil	consejo
count	KAUNT	contar
counterfeit	KAUNterfit	falso
country	K*U*Ntri	region, país, campo
county	KAUNti	distrito
coup	KU	estratagema
couple	K*U*Pl	pareja
courage	K*U*Riy	valentía
courier	KURier	mensajero
course	KORS	curso
court	KORT	corte, tribunal
courteous	K*E*Rch*e*s	cortés, amable
cousin	K*U*S*i*n	primo(a)
covenant	**KO**Venant	convenio, alianza
coverage	**KO**Vr*i*y	alcance

Inglés	Pronunciación	Significado
cow	KAU	vaca
coward	KAU*a*rd	cobarde
cozy	KOU*S*I	acogedor, agradable
crackle	KRAkl	crujir
cradle	KREIdl	cuna
crane	KREIN	grulla, grúa
cranial	KREINi*e*l	craneal
crate	KREIT	embalaje de tablas
crater	KREITer	cráter
crawl	KROL	gatear, avanzar lento
crazy	KREIsi	loco
creaky	KRIki	crujiente
cream	KRIM	crema
crease	KRIS	doblez, arruga, arrugarse
creation	kriAIshen	creación
creed	KRID	credo
creek	KRIK	riachuelo
creep	KRIP	avanzar con cautela
Creole	KRI*o*l	criollo
crew	KRU	tripulación
crime	KRAIM	crimen
cripple	KRIpl	lisiado, lisiar
crisis	KRAIs*i*s	crisis

Inglés	Pronunciación	Significado
crocodile	KROk*o*dail	cocodrilo
crook	KRUK	garfio, ladrón
crosswalk	KROSuok	cruce para peatones
crowd	KRAUD	multitud
crown	KROUN	corona
cruise	KRUS	cruzar, crucero
crutch	KR*U*CH	bastón
cry	KRAI	llorar, gritar
cub	K*U*B	cachorro
cube	KIUB	cubo
cucumber	KIUk*u*mb*e*r	pepino
cue	KIU	indicación, señal
cuff	K*U*F	puño (de camisa)
cuisine	kuiSIN	cocina
culmination	k*u*lm*i*NEIsh*e*n	culminación
cultivate	K*U*Lt*i*veit	cultivar
culture	K*U*Lch*u*r	cultura
cup	K*U*P	taza
cure	KIUR	cura, curar
curiosity	kiur*i*OS*i*ti	curiosidad
curly	K*U*Rli	rizado
currency	K*U*Renci	moneda, dinero en circulación

Inglés	**Pronunciación**	**Significado**
curse	K*U*RS	maldición
curtain	K*U*Rten	cortina
curve	K*U*RV	curva
cushion	K*U*SH*e*n	cojín
custody	K*U*St*o*di	custodia
customer	KUSt*o*m*e*r	cliente
cute	KIUT	bonito
cycle	SAIkl	ciclo
cylinder	SIL*i*ndr	cilindro

D

Inglés	**Pronunciación**	**Significado**
dabble	DABL	ocuparse superficialmente de algo
daily	DEIli	diario, todos los días
dainty	DEINti	delicado(a)
dairy	DAIeri	lechería
daisy	DEIsi	margarita
dam	DAM	dique, presa
damage	DAMich	daño
damnation	d*a*mNEIsh*e*n	condenación
dance	DANS	bailar, baile, danza
danger	DEINy*er*	peligro
dangerous	DEINy*e*r*e*s	peligroso
darkness	DARKnes	oscuridad
dartboard	DARTbord	tablero para lanzar dardos
dashing	DASHing	vigoroso, elegante
data	DEIt*a*	datos, información
date	DEIT	fecha, cita
daughter	DOT*er*	hija

Inglés	Pronunciación	Significado
dauntless	DONTles	intrépido, valiente
dauphin	DOf*i*n	delfín (título del hijo del rey de Francia)
dawn	DON	amanecer
day	DEI	día
daze	DEI*S*	ofuscar, aturdir
dazzle	DASL	deslumbrar
dead	DED	muerto
deaf	DEF	sordo
deal	DIL	trato
dear	DIR	querido(a), estimado(a)
death	DE*D*	la muerte
debate	diBEIT	debate
debt	DET	deuda
debut	deBIU	debut
decade	DEK*e*d	década
decay	diKEI	deterioro, deteriorarse
deceased	diSISd	difunto
deceive	diSIV	engañar
decent	DIsent	decente
deceptive	diSEPtiv	engañoso
decide	diSAID	decidir
decision	diSIsh*e*n	decisión

Inglés	Pronunciación	Significado
declare	diKLER	declarar
decline	diKLAIN	declinar, inclinarse; descenso
decode	diKOUD	descifrar
decorate	DEK*e*reit	decorar
decrease	diKRIS	disminuir
decree	diKRI	decreto
decry	diKRAI	desaporbar, censurar
dedication	dediKEIsh*e*n	dedicación
deduce	deDIUS	deducir
deed	DID	hecho
deep	DIP	profundo
deer	DIR	ciervo, venado
default	diFOLT	incumplimiento, ausencia
defeat	diFIT	derrota
defect	diFECT	defecto
defend	diFEND	defender
defiance	diFAI*e*ns	desafío, obstinación
deficiency	deFIshensi	deficiencia
define	diFAIN	definir
definition	defiNIsh*e*n	definición
defraud	diFROD	defraudar

Inglés	Pronunciación	Significado
defray	diFREI	sufragar, costear
defy	diFAI	retar, desafiar
degrade	diGREID	degradar
degree	diGRI	grado, título académico
deify	deiFAI	deificar
dejection	di**Y**EKsh*e*n	aflicción
delay	diLEI	retraso, tardanza
delegate	DEL*e*geit	delegado
	del*e*GEIT	delegar
delete	diLIT	eliminar, borrar
delicate	DEL*i*ket	delicado(a)
delight	diLAIT	deleite
delineate	deLIN*i*eite	delinear
deluge	DELu***y***	diluvio
delusion	diLUsh*e*n	illusión falsa
demeanor	diMIN*e*r	comportamiento
democracy	deM**O**Kr*a*ci	democracia
demon	DIm*o*n	demonio
demoniac	diNOUNiek	demoníaco
demonstrate	DEM*e*nstreit	demostrar
demote	diMOUT	degradar
denigrate	DEN*i*greit	denigrar
denounce	diNOUNs	denunciar

Inglés	Pronunciación	Significado
deny	diNAI	negar
dependability	dipend*a*BIL*i*ti	seriedad; carácter cumplidor
deplete	diPLIT	reducir, disminuir
depot	DIPou	almacén; estación de autobuses
depression	diPREsh*e*n	depresión
deprive	diPRAIV	privar
depth	DEPZ	profundidad
deputy	DEPiuti	delegado
derive	diRAIV	derivar
derogate	DER*o*geit	derogar, anular
describe	disKRAIV	describir
deserve	diSERV	mereccer
design	diSAIN	diseño, diseñar
designate	DESigneit	designar, nombrar, destinar
desire	di*S*AIR	deseo, desear
despair	disPEIR	desesperarse
desperate	DESperet	desesperado(a)
despise	disPAIS	despreciar
despite	disPAIT	desprecio, malicia
destroy	disTROI	destruir

Inglés	Pronunciación	Significado
detail	diTEIL	detalle
detain	diTEIN	detener
deteriorate	diTIRioreit	deteriorar
determine	diTERM*i*n	determinar
detour	diTUR	desviación, desviarse
devaluate	diVALiueit	devaluar
develop	diVEL*o*p	desarrollar, desarrollarse
device	diVAIS	dispositivo, aparato
devote	diVOUT	dedicar
devour	diVAUR	devorar
dew	DU	rocío
diabetes	DAI*a*bit*i*s	diabetes
diabolic	DAI*a*bolik	diabólico
diagnosis	DAI*a*gnos*i*s	diagnosis, diagnóstico
diagonal	DAI*a*gon*e*l	diagonal
diagram	DAI*a*gram	diagrama
dial	DAI*a*l	cuadrante, disco
dialect	DAI*a*lekt	dialecto
dialogue	DAI*a*log	diálogo
diameter	DAI*a*metr	diámetro
diamond	DAImond	diamante
diaper	DAI*a*pr	pañal
diaphragm	DAI*a*fragm	diafragma

Inglés	**Pronunciación**	**Significado**
diary	DAI*a*ri	diario
dichotomy	daiKOT*e*mi	dicotomía
dictator	dikTEIT*er*	dictador
die	DAI	morir; dado
diet	DAI*et*	dieta
difficult	DIFik*u*lt	difícil
diffuse	diFIUS	difuso, esparcir
digest	DAI**y**est	digerir
digital	DI**Y***i*tl	digital
dignify	DIGn*i*fai	dignificar
diligence	DIL*iy*ens	diligencia, esmero
dime	DAIM	moneda de diez centavos
diminish	diMIN*i*sh	disminuir
dimple	D*I*Mpl	hoyuelo (en las mejillas)
dining room	DAINing RUM	comedor
dinner	D*I*N*er*	comida, cena
diocese	DAI*e*sis	diócesis
direction	diREKsh*e*n	dirección
dirt	DRT	mugre, suciedad
disadvantage	d*isa*dVANt*iy*	desventaja
disagree	d*ise*GRI	estar en desacuerdo
disappear	d*ise*PIR	desaparecer
disapprove	d*ise*PRUV	desaprobar

Inglés	Pronunciación	Significado
disarrange	d*ise*REINY	desarreglar
disastrous	d*i*sastrous	desastrozo
disciple	d*i*SAIpl	discípulo
discipline	D*I*S*i*plin	disciplina
discount	d*i*sKAUNT	descuento, descontar
discourage	d*i*sKER*iy*	desanimar
discreet	d*i*sKRIT	discreto(a)
discriminate	d*i*sKRIM*i*neit	discriminar
discuss	d*i*sK*US*	discutir
disdain	d*i*sDEIN	desdeñar, despreciar
disease	d*i*SI*S*	enfermedad
disfigure	d*i*sFIGiur	desfigurar
disgraceful	d*i*sGREISf*u*l	vergonzoso
disguise	d*i*sGAIS	disfrazar
dishonest	d*i*SONest	deshonesto
dishwasher	D*I*SH-UASH*er*	lavadora de vajillas
disjunctive	d*i*sYUNKt*i*v	disyuntiva
dismay	d*i*sMEI	desalentar, desaliento
disperse	d*i*sP*E*RS	dispersar
displace	d*i*sPLEIS	desplazar
displease	d*i*sPLIS	desagradar
dispose	d*i*sPOUS	disponer
dispute	d*i*sPIUT	disputar

Inglés	**Pronunciación**	**Significado**
dissect	d*i*SEKT	analizar
dissolve	d*i*SOLV	disolver
dissuade	d*i*SUEID	disuadir
distance	D*I*Stens	distancia
distillery	d*is*TILeri	destilería
distribute	d*is*TRIBiut	distribuir
disturbance	d*is*TURB*a*ns	disturbio
dive	DAIV	sumergirse, zambullida
diverge	daiVERY	diferir, desviarse
diverse	daiVERS	variado
diversify	daiVERS*i*fai	diversificar
diversity	daiVERS*i*ti	diversidad
divert	daiVERT	distraer
divide	d*i*VAID	dividir
divine	d*i*VAIN	divino
dizzy	D*IS*i	mareado, confunido
dockyard	DOKiard	astillero, arsenal
document	DOKiument	documento
dodge	DODY	esquivar
doe	DOU	hembra de antílope
doleful	DOULful	afligido(a)
dolphin	DOLfin	delfín
domain	d*o*MEIN	dominio

Inglés	Pronunciación	Significado
dome	DOUM	domo, cúpula
dominate	DOM*i*neit	dominar
donation	douNEIshen	donativo
donkey	DONki	asno, burro
doodle	DUDL	garabatos, dibujos
doom	DUM	destino, fatalidad
doorbell	DORbel	timbre de la puerta
dosage	DOSiy	dosificación
dose	DOU*S*	dosis
double	D*U*BL	doblar, doble
doubt	DAUT	duda
dough	DOU	pasta, masa
doughnut	DOUn*u*t	rosquilla frita
dove	DOUV	paloma
down	DAUN	abajo
drainage	DREINiy	desagüe
drape	DREIP	cortina; adornar con cortinas
drapery	DREIPeri	cortinaje; forro de muebles
draw	DRO	dibujar
drawl	DROL	pronunciar despacio
dread	DRED	temer

Inglés	**Pronunciación**	**Significado**
dream	DRIM	soñar
dredge	DREDY	dragar
drive	DRAIV	conducir, impulsar
drop	DROP	gota; dejar caer
drought	DRAUT	sequía
drown	DRAUN	ahogar, ahogarse
drowsy	DRAU*s*i	adormecido(a)
drugstore	DR*U*Gstor	farmacia
drum	DR*U*M	tambor, batería (música)
drunk	DR*U*NK	borracho
dry	DRAI	seco
duchess	D*U*CHes	duquesa
duck	D*U*K	pato
due	DIU	pagadero, debido a, cuota
duke	DIUK	duque
dumb	D*U*M	mudo, tonto
dump	DUMP	vaciar, deshacerse de; basurero
dungeon	D*U*N**y***e*n	calabozo
durable	DIUR*a*bl	durable
during	DIURing	durante
dusk	D*U*SK	crepúsculo, oscuridad

Inglés	Pronunciación	Significado
dust	D*U*ST	polvo
Dutch	DUCH	holandés
duty	DIUti	deber, tarea
dwarf	DUARF	enano
dwell	DUEL	habitar
dye	DAI	teñir
dynamic	daiNAMic	dinámico
dynamite	DAIN*e*mait	dinamita
dynasty	DAIN*e*sti	dinastía

E

Inglés	**Pronunciación**	**Significado**
each	ICH	cada
eager	IG*e*r	ansioso
eagle	IGL	águila
ear	IR	oreja
earl	ERL	conde
early	ERli	temprano
earn	ERN	ganar
earnest	ERN*e*st	ahínco, empeño
earth	ERZ	tierra
ease	I*S*	facilidad
east	IST	este, oriente
Easter	IST*e*r	Pascua
eastern	IST*e*rn	oriental
easy	I*S*I	fácil
eat	IT	comer
ebb tide	EBtaid	marea menguante
ebony	EB*o*ni	ébano
eccentric	ekSENrtik	excéntrico
ecclesiastic	ekl*e*SIASt*i*k	eclesiásico

Inglés	Pronunciación	Significado
echelon	EK*el*o*n*	jerarquía, grado, escalón
echo	EKou	eco
eclipse	eKLIPS	eclipse
ecological	ek*o*L**OY***i*kl	ecológico
economic	ek*o*N**O**M*i*k	económico
ecstasy	EKSt*asi*	éxtasis
edge	ED**Y**	filo, borde
edible	ED*i*bl	comestible
education	*e*diuKAIsh*e*n	educación
eerie	IR*i*	misterioso
effect	*e*FEKT	efecto
effective	*e*FECTiv	eficaz
effervescence	ef*er*VESens	efervescencia
efficacy	EF*i*k*a*si	eficacia
efficient	eF*I*SH*e*nt	eficiente
effort	EF*er*t	esfuerzo
effusively	eFIUS*i*vli	efusivamente
egg	EG	huevo
ego	IGo	ego
egoistic	egoIStic	egoísta
eight	EIT	ocho
either	I*D*er	uno u otro, cualquiera
eject	e**Y**EKT	expeler, arrojar

Inglés	Pronunciación	Significado
elaborate	eLAB*o*reit	elaborar
elaborately	eLAB*o*r*e*tli	detalladamente, en forma compleja
elapse	eLAPS	pasar. transcurrir
elasticity	elasTISiti	elasticidad
elbow	ELbou	codo
elder	ELd*e*r	mayor de edad
elderly	ELd*e*rli	anciano
election	eLEKsh*e*n	elección
electric	eLEKtrik	eléctrico
electron	eLEKtr*o*n	electrón
elegance	EL*e*g*a*ns	elegancia
element	EL*e*ment	elemento
elephant	EL*e*fant	elefante
elevate	EL*e*veit	elevar
eleven	iLEVn	once
elicit	*e*LISit	evocar, motivar respuestas
eligibility	el*e*y*i*BIL*i*ti	elegibilidad
eliminate	eLIM*i*neit	eliminar
elliptic	eLIPt*i*k	elíptico(a)
elongate	EL*o*ngeit	alargar
elope	eLOUP	fugarse con un amante
elsewhere	ELS*j*uer	otro lugar

Inglés	**Pronunciación**	**Significado**
emancipate	eMANs*i*peit	emanciparse
embalm	emBOLM	embalsamar
embark	emBARK	embarcar
embarrassing	emBAR*asi*ng	vergonzoso
embassy	EMbasi	embajada
embellish	emBELish	embellecer
embezzlement	emBE*S*Lment	desfalco, malversación
embody	emBODi	personificar, englobar
embrace	emBREIS	abrazar
embroider	emBROID*e*r	bordar
embryo	EMbrio	embrión
emerald	EM*e*rald	esmeralda
emergency	eM*E*R*y*enci	emergencia, urgencia
emotional	eMOUsh*e*n*a*l	emocional
empathy	EMp*az*i	empatía
emphasis	EMf*a*sis	énfasis
empire	emPAIR	imperio
employ	emPLOI	emplear
employee	EMploii	empleado
employer	emPLOier	patron(a)
empress	EMpres	emperatriz
empty	EMti	vacío
enable	eNEIbl	habilitar, hacer posible

Inglés	Pronunciación	Significado
encircle	enS*I*Rkl	rodear, circundar
enclose	enKLOUS	encerrar, adjuntar
encode	enKOUD	codificar
encounter	enKOUNtr	encuentro, salir al encuentro
encroach	enKROUCH	invadir (terrenos); usurpar (derechos)
encrust	enKR*U*ST	incrustar
encyclopedia	enSAIklopidia	enciclopedia
encyst	enSIST	enquistar
endanger	enDEINyr	poner en peligro
endeavor	enDEV*er*	esforzarse
endorsement	enDORSment	endoso, respaldo
endow	enDAU	dotar
endurance	enDIUR*e*ns	resistencia
enemy	ENemi	enemigo
energetic	en*er*YET*i*k	enérgico
enfold	enFOLD	envolver
enforce	enFORS	imponer
engage	enGEIY	empeñar (la palabra), reservar
engine	ENyin	motor
engineer	enYINir	ingeniero

Inglés	Pronunciación	Significado
engrave	enGREIV	grabar, tallar (en metal)
engulf	enGULF	sumergir
enhance	en*J*ANS	intensificar
enjoy	enYOI	disfrutar
enlarge	enLARY	aumentar, agrandar
enlighten	enLAIT*e*n	iluminar
enmity	ENmiti	enemistar
enormous	enORm*us*	enorme
enough	iN*U*F	suficiente
enrage	enREIY	enfurecerse
enrich	enR*I*CH	enriquecer(se)
enroll	enROL	inscribir(se)
ensign	enSAIN	estandarte, alférez
enslave	enSLEIV	esclavizar
ensnare	enSN*E*R	engañar
ensure	enSHUR	asegurar
entail	enTEIL	ocasionar, vincular
entangle	enTANGL	enredar
enterprise	ENt*e*rprais	empresa
entertain	ENt*e*rtain	entretener, divertir
enthrone	enZROUN	entronizar
enthusiasm	enZUSiasm	entusiasmo
entice	enTAIS	atraer, seducir

Inglés	Pronunciación	Significado
entirely	enTAIRli	enteramente
entitle	enTAItl	tener derecho a
entrance	enTRANS	entrada
entrap	enTRAP	atrapar
entreat	inTRIT	suplicar
entrench	enTRENCH	atrincherar
entrust	enTR*US*T	confiar, encomendar
envelope	ENv*e*lop	sobre
envious	enVI*US*	envidioso(a)
envoy	ENvoi	enviado
envy	enVI	envidia
ephemeral	eFIM*era*l	efímero(a)
epilogue	EPil*o*g	epílogo
episode	EPisoud	episodio
epistle	ePISL	epístola
epoch	EP*o*k	época
equal	IK*ua*l	igual
equation	eKUEIsh*e*n	ecuación
equatorial	ekuaTORi*a*l	ecuatorial
equipment	eKUIPment	equipo
equitable	EKuit*a*bl	equitativo
equivalent	ekuiVAL*e*nt	equivalente
erase	iREIS	borrar

Inglés	Pronunciación	Significado
erosion	eROUsh*o*n	erosión
errand	ER*e*nd	mandado, encargo
erroneous	eRON*ie*s	erróneo
eruption	eR*U*Pshen	erupción
escalate	ESk*a*leit	escalar
escape	esKEIP	escapar
escort	esKORT	escoltar
espionage	ESpione*y*	espionaje
essential	eSENsh*a*l	esencial
establish	esTABlish	establecer
esteem	esTIM	estimar, estima
estimate	ESTimeit	estimar, calcular
eternal	iT*E*Rnal	eterno
ethical	Ezikl	ético
ethnology	ezNOLoyi	etnología
etiquette	ETik*e*t	etiqueta
Eucharist	IUK*a*rist	Eucaristía
eulogy	IUL*o*yi	elogio
euphemism	IUFemism	eufemismo
Europe	IUR*o*p	Europa
evade	eVEID	evadir
evaluation	ev*a*liuEIshen	evaluación
evangelist	eVANyelist	evangelista

Inglés	Pronunciación	Significado
evaporate	eVAP*o*reit	evaporar
evasive	eVEIS*iv*	evasivo
even	IV*en*	liso, uniforme, tranquilo; siquiera, aún
evening	IVning	noche
everlasting	ev*er*LASTing	perpetuo, duradero
everyday	EVRidei	todos los días
evidence	EV*i*dence	evidencia
evil	Ivl	maldad
evolutionary	ev*o*LUsh*o*n*e*ry	evolucionista, evolutivo
exact	ekSAKT	exacto(a)
exaggerate	ekSAY*e*reit	exagerar
example	ekSAMpl	ejemplo
exceed	ekSID	exceder
excerpt	ekS*E*RPT	extracto, extractar
exchange	eksCHEINY	intercambio
excited	ekSAIT*e*d	emocionado(a)
exclamatory	eksKLAM*a*t*o*ri	exclamatorio
exclude	eksKLUD	excluir
excursion	eksK*U*Rsh*o*n	excursión
excuse	eksKIUS	disculpar
execute	EKs*e*kiut	ejecutar
executive	ekSEKiut*iv*	ejecutivo

Inglés	Pronunciación	Significado
exemplary	ekSEMpl*a*ri	ejemplar
exempt	ekSEMPT	exento
exercise	EKser*s*ai*s*	ejercicio, ejercitar
exhale	eks*J*EIL	exhalar
exhaust	eg*S*OST	agotar
exhibit	eg*S*IB*i*t	exhibir, exhibición
exile	eg*S*AIL	exilio
existence	eg*SI*St*e*ns	existencia
exonerate	egSON*e*reit	exonerar
expand	eksPAND	expandir
expansion	eksPANsh*o*n	expansión
expect	exPEKT	esperar
expedite	EXpedait	acelerar, dar curso
expel	eksPEL	expulsar
expenditure	eksPENd*i*ch*u*r	gasto
experience	eksPIR*i*ens	experiencia
expertise	EKSp*e*rtais	pericia, experiencia
expire	eksPAIR	expirar
explain	eksPLEIN	explicar
explode	eksPLOUD	explotar
explorer	eksPLOR*e*r	explorador
export	eksPORT	exportar
	EKSport	exportación

Inglés	Pronunciación	Significado
expression	eksPREsh*o*n	expresión
expresswa y	eksPRESuei	autopista
exquisite	eksKUI*si*t	exquisito(a)
extension	eksTENsh*o*n	extensión
exterior	eksT*I*R*ie*r	exterior
exterminate	eksT*E*Rm*i*neit	exterminar
external	eksT*E*Rnl	externo(a)
extinguish	eksT*I*Ng*ui*sh	extinguir
extract	eksTRAKT	extraer
	EKStrakt	extracto
extraordinary	eksTRORd*i*n*e*ri	extraordinario
extravagant	eksTRAV*e*g*a*nt	extravagante
extremely	eksTRIMli	extremadamente
exuberant	egSUB*e*r*a*nt	exuberante
eye	AI	ojo
eyesight	AIsait	vista (sentido de la)

F

Inglés	**Pronunciación**	**Significado**
fable	FEIBL	fábula
fabricate	FABr*i*keit	fabricar, inventar
fabulous	FABiul*us*	fabuloso
façade	f*a*SAD	fachada
face	FEIS	cara, rostro
facial	FEIsh*e*l	facial
facility	f*a*S*I*L*i*ti	facilidad, habilidad
faction	FAKsh*e*n	facción
factory	FAKt*o*ri	fábrica
fade	FEID	desvanecerse
failure	FEIlli*u*r	fracaso
faint	FEINT	desmallarse
fair	FER	bello(a), adecuado, rubio
fairy	FERi	hada
faith	FEIZ	fe
fake	FEIK	falso, falsificado, fingir
fall	FAL	caída, caer
fallacious	f*a*LEIsh*us*	engañoso

Inglés	Pronunciación	Significado
false	FOLS	falso
fame	FEIM	fama
famous	FEIM*us*	famoso(a)
fantasy	FANt*a*si	fantasía
farewell	ferUEL	despedida
farther	FAR*de*r	más lejos
fascinate	FAS*i*neit	fascinar
fashion	FASH*e*n	moda
fate	FEIT	destino
father	FA*De*r	padre
fathom	FA*De*m	(mar) braza, sondear
fatigue	f*a*TIG	fatiga
faucet	FOS*e*t	grifo, llave del agua
fault	FOLT	falta
favor	FEIV*e*r	favor
favorite	FEIV*o*r*i*t	favorito(a)
fawn	FON	ciervo joven
fear	FIR	miedo
feasible	FIS*e*bl	posible, factible
feast	FIST	fiesta
feat	FIT	hazaña
feather	FE*De*r	pluma
feature	FIch*u*r	aspecto, característica

Inglés	Pronunciación	Significado
February	FEBru*e*ri	febrero
federalize	FED*e*ralai*s*	federalizar
fee	FI	honorarios
feeble	FIbl	débil
feedback	FIDbak	retroalimentación
feel	FIL	sentir
female	FImeil	hembra, femenino
feminist	FEM*i*n*i*st	feminista
femme fatale	FEMf*a*tal	vampiresa
fence	FENS	cercado
ferocious	f*e*ROSH*e*s	feroz
Ferris Wheel	FER*is*juil	rueda de la fortuna (en ferias)
ferryboat	FER*i*bout	transbordador
festive	FEST*iv*	festivo
fetch	FECH	ir a traer
feudal	FIUdl	feudal
fever	FIV*er*	fiebre
few	FIU	pocos
fiber	FAIB*er*	fibra
fickle	FIKL	inconstante
fictional	FIKsh*e*n*a*l	ficticio(a)
fiddle	FIDL	violín

Inglés	Pronunciación	Significado
fidelity	f*i*DEL*i*ti	fidelidad
field	FILD	campo
fiendish	FINDish	diabólico, perverso
fierce	FIRS	fiero
fiery	FAIri	ardiente
fifteen	f*i*fTIN	quince
fifth	FIFZ	quinto
fifty	FIFti	cincuenta
fig	F*I*G	higo
fight	FAIT	pelear, pleito
figure	FIGiur	figura
figurine	FIGiurin	estatuilla
file	FAIL	archivo, archivar
fill	F*I*L	llenar
fillip	F*I*Lip	dar un capirotazo
filter	F*I*Lt*e*r	filtrar, filtro
filthy	F*I*L*di*	sucio
filtration	f*i*lTREIsh*e*n	filtración
finally	FAIN*e*li	finalmente
finances	faiNANs*e*s	finanzas
find	FAIND	encontrar
fine	FAIN	bueno, fino
finger	F*I*Ng*e*r	dedo

Inglés	**Pronunciación**	**Significado**
finite	FAInait	finito
fir	F*I*R	abeto
fire	FAIR	fuego
firefly	FAIRflai	luciérnaga
firehouse	FAIR*j*aus	estación de bomberos
fireplace	FAIRpleis	chimenea
fireproof	FAIRpruf	a prueba de fuego
firm	F*I*RM	compañía
first	F*I*RST	primero(a)
fish	F*I*SH	pez
fission	F*I*SH*o*n	fisión
five	FAIV	cinco
fixed	F*I*KSD	fijo, arreglado
fixture	FIKSch*u*r	aditamento
flake	FLEIK	copo (de nieve), hojuela
flame	FLEIM	flama
flammable	FLAMabl	inflamable, combustible
flare	FLER	arder
flattery	FL**A**Teri	halago
flavor	FLEIvr	sabor
flea	FLI	pulga
flea market	FLImark*e*t	mercado callejero
flee	FLI	huir

Inglés	Pronunciación	Significado
fleet	FLIT	flotilla
flexible	FLEKsibl	flexible
flier	FLAI*er*	volante
flight	FLAIT	vuelo, huida
float	FLOUT	flotar
flock	FLOK	grupo (de personas), rebaño
flood	FL*U*D	inundación
floor	FLOR	piso, suelo
flounder	FLAUNd*er*	forcejear, avanzar con dificultad
flour	FLAUR	harina
flourish	FLOR*i*sh	florecer
flower	FLA*ur*	flor
fluent	FLUENT	fluido
fluke	FLUK	chiripa
flush	FL*U*SH	chorro, rubor
flute	FLUT	flauta
fly	FLAI	mosca, volar
foam	FOUM	espuma
fog	FOG	niebla
foliage	FOL*i*ch	follaje
follow	FOLou	seguir

Inglés	Pronunciación	Significado
fondle	FONdl	acariciar
food	FUD	comida
foolish	FULish	tonto
foot	FUT	pie
forceful	FORSful	vigoroso
forearm	FORarm	antebrazo
forecast	FORkast	pronosticar
forehead	FOR*j*ed	frente
foreign	FOR*e*n	extranjero
foreman	FORman	capataz
forerunner	FOR*u*n*e*r	precursor
foresight	FORsait	previsión
forge	FOR**Y**	forjar
forget	forGET	olvidar
forgive	forGIV	perdonar
formulate	FORmiuleit	formular
forsake	forSEIK	abandonar
forthcoming	forzCOMing	venidero, próximo
fortnight	FORTnait	quincena
fortunate	FORch*u*n*e*t	afortunado(a)
fortune	FORch*u*n	fortuna
forward	FORuard	adelantado, avanzado, hacia adelante

Inglés	Pronunciación	Significado
fought	FOT	peleó
foul	FAUL	impuro, pestilente
foundation	faunDEIsh*e*n	fundación
four	FOR	cuatro
fourteen	forTIN	catorce
fourth	FORZ	cuarto(a)
fowl	FAUL	ave
foyer	FO*ie*r	vestíbulo
fraction	FRAKsh*e*n	fracción
fracture	FRAKch*u*r	fractura
fragile	FRAYil	frágil
fragrance	FREIg*e*ns	fragancia
frailty	FREILti	fragilidad
frame	FREIM	formular, forjar, incriminar
freckle	FREKL	peca
freedom	FRIdm	libertad
freeze	FRI*S*	congelar
freight	FREIT	flete
frequency	FRIkuensi	frecuencia
friction	FRIKsh*e*n	fricción
friend	FREND	amigo
frighten	FRAIT*e*n	asustar

Inglés	Pronunciación	Significado
fringe	FR*IY*	cenefa, borde
froth	FRO*D*	espuma
frown	FRAUN	fruncir el ceño
frozen	FROU*sen*	congelado
fruit	FRUT	fruta
frustration	fr*us*TREIsh*e*n	frustración
fry	FRAI	freir
fuel	FIU*e*l	combustible
fugitive	FIUy*i*t*i*v	fugitivo
fumble	F*U*MBL	buscar torpemente, caminar con dificultad
fun	F*U*N	diversión
functional	F*U*NKsh*e*n*e*l	funcional
fundamental	f*u*nd*a*MENtl	fundamental
funeral	FIUN*e*ral	funeral
funny	F*U*Ni	chistoso
fur	F*U*R	pelaje
furious	FIURi*us*	furioso
furnace	F*U*Rn*e*s	horno
furniture	F*U*Rnich*u*r	muebles
further	F*URde*r	más distante
fury	FIUri	furia
fuse	FIU*S*	fusible

Inglés	Pronunciación	Significado
fuselage	FIUS*e*lay	fuselaje
fusion	FIUsh*e*n	fusión
fuss	F*US*	alboroto, preocuparse
futile	FIUtl	inútil
future	FIUch*e*r	futuro

G

Inglés	**Pronunciación**	**Significado**
gadget	GADy*i*t	artefacto
Gaelic	GEIL*i*k	idioma celta de Escocia e Irlanda
gaiety	GEIti	alegría
gain	GEIN	ganancia
gait	GEIT	modo de andar
gale	GEIL	ventarrón
gallery	GALeri	galería
galley	GALi	galera
gallop	GAL*o*p	galope, galopar
galore	g*a*LOR	en abundancia
galvanize	GALv*a*nai*s*	galvanizar
gamble	GAMBL	apostar
game	GEIM	juego
gangrene	GANgrin	gangrena
gangster	GANGst*e*r	bandido
gap	GAP	abertura, vacío
gape	GEIP	con la boca abierta
garage	g*a*RAY	garaje, cochera

Inglés	Pronunciación	Significado
garbage	GARb*iy*	basura
garden	GARd*e*n	jardín
gargle	GARgl	hacer gárgaras
garland	GARland	guirnalda
garlic	GARl*i*k	ajo
garrison	GAR*iso*n	(mil.) guarnición
gate	GEIT	puerta, portal
gather	GA*D*er	reunir
gauge	GEIY	medida, norma; valuar, calibrar
gaunt	GONT	demacrado(a)
gave	GEIV	dio, diste
gawky	GOKi	desgarbado
gay	GEI	jovial, homosexual
gaze	GEI*S*	contemplar
gear	GIR	utensilios
gee	YI	expresión de sorpresa
geese	GI*S*	gansos
gelatin	YEL*a*t*i*n	gelatina
gem	YEM	joya, gema
gender	YENd*e*r	género
gene	YIN	gen
general	YEN*e*r*a*l	general

Inglés	Pronunciación	Significado
generalize	YEN*era*lai*s*	generalizar
generation	yeneREIsh*o*n	generación
generous	YENer*u*s	generoso
genetic	yeNET*i*k	genético
geniality	yin*i*Al*i*ti	afabilidad
genius	YINni*e*s	genio, ingenio
genre	YENR	género, clase
gentle	YENTL	suave, bondadoso, noble
gentleman	YENTLman	caballero
genuine	YEÑuin	genuino
geography	yiOgr*a*fi	geografía
geology	yiOloyi	geología
geometry	yiOmetri	geometría
geophysics	yioFISiks	geofísica
geriatrics	yeriAtriks	geriatría
germane	y*e*rMEIN	relativo a
germinate	Y*E*Rm*i*neit	germinar
gesticulate	yesTIKiuleit	gesticular
gesture	YESch*u*r	gesto
geyser	GEIs*e*r	géiser
ghastly	GASTli	horrible
ghost	GOUST	fantasma

Inglés	Pronunciación	Significado
giant	YA*ie*nt	gigante
gibberish	G*I*B*e*rish	algarabía
gifted	G*I*Ft*e*d	dotado
gigantic	yaiGANT*ic*	gigantesco
giggle	GIGL	risita entrecortada
gingerbread	Y*I*Ny*e*rbred	pan de jengibre
gingerly	Y*I*Ny*e*rli	cautelosamente
girdle	G*I*RDL	faja, circundar, atar un cinturón
girl	G*I*RL	niña, muchacha
give	G*I*V	dar
given	G*I*V*e*n	dado
glacier	GLEIsh*e*r	glaciar
glad	GLAD	contento, feliz
glade	GLEID	claro del bosque
glance	GLANS	dar un vistazo
glare	GLER	relumbrar
glass	GLAS	cristal, vaso
gleam	GLIM	fulgor, destellar
glider	GLAID*e*r	planeador, deslizador
glimmer	GL*I*M*e*r	brillar con luz tenue
glimpse	GLIMPS	vislumbre
globe	GLOUB	globo

Inglés	Pronunciación	Significado
gloomy	GLUMi	oscuro, sombrío
glorify	GLOr*i*fai	glorificar
glossy	GLOSi	liso, lustroso
glove	GL*UV*	guante
glow	GLOU	resplandecer
glue	GLU	pegamento
glutton	GL*UT*o*n	glotón
gnome	NOUM	gnomo
Gnostic	N**O**Stik	gnóstico
go	GOU	ir
goat	GOUT	cabra
goatee	GOUTi	barba de chivo
gobble	G**O**BL	engullir, devorar
goblet	G**O**Blet	copa
God	G**O**D	Dios
godlike	G**O**Dlaik	como Dios
goggles	G**O**Gls	gafas protectoras
gold	GOLD	oro
goldilocks	GOLD*i*loks	rizos de oro
good	GUD	bueno
gooey	G**U**i	pegajoso
goofy	GUFi	tontamente
gorgeous	GOR**y***os*	magnífico

Inglés	Pronunciación	Significado
Gospel	GOSpel	Evangelio
gossip	GOSip	chisme, chismorrear
goulash	guLASH	guiso húngaro de carne
governess	GOVernes	institutriz
government	GOVernment	gobierno
gown	GAUN	vestimenta
grab	GRAB	agarrar
graceful	GREISful	gracioso
graciously	GREIshosli	amablemente
grade	GREID	grado
graduate	GRADuet	graduado
grain	GREIN	grano, semilla
grammar	GRAMar	gramática
grandeur	GRANdiur	grandeza, magnificencia, esplendor
grandparents	GRANDparents	abuelos
grape	GREIP	uva
grapevine	GREIPvain	vid
graphic	GRAFik	gráfico
grasp	GRASP	agarrar
grasshopper	GRASjoper	saltamontes
grateful	GREITful	agradecido
gratitude	GRATitiud	gratitud

Inglés	Pronunciación	Significado
grave	GREIV	tumba, grave
graveyard	GREIViard	cementerio
gray	GREI	gris
graze	GREI*S*	apacentar, pastorear
grease	GRIS	grasa
great	GREIT	grande
greedy	GRIDi	codicioso
green	GRIN	verde
greet	GRIT	saludar
greyhound	GREI*j*aund	galgo
grief	GRIF	pesar, aflicción
grievously	GRIV*o*sli	lastimosamente
grind	GRAIND	machacar
groan	GROUN	gemir
grocery	GR**O**S*e*ri	víveres
groggy	GR**O**Gi	vacilante
groove	GR**U**V	ranura, actividad rutinaria
gross	GR**O**S	grande, denso, tosco
grouchy	GRAUCHi	gruñón
ground	GRAUND	tierra, suelo
group	GR**U**P	grupo
grow	GROU	crecer

Inglés	Pronunciación	Significado
growl	GRAUL	gruñir
gruesome	GRUs*o*m	horrible
grumble	GR*U*MBL	refunfuñar
grunt	GR*U*NT	gruñir
guardian	GARdian	guardián
guess	GES	suponer, adivinar
guest	GEST	invitado
guidance	GAId*e*ns	guía, dirección
guild	G*I*LD	gremio
guilty	G*I*Lti	culpable
gun	G*U*N	pistola
gurgle	G*U*Rgl	gorgoteo
gutter	G*U*T*e*r	cuneta (al lado del camino)
guy	GAI	sujeto, tipo
gypsy	**Y***I*Psi	gitano

H

Inglés	**Pronunciación**	**Significado**
habitual	*ja*BITual	habitual
haggard	JAG*e*rd	demacrado(a)
hail	JEIL	aclamar, granizo
hair	JER	cabello, pelo
hairdresser	JERdres*e*r	peinador(a), peluquero
half	JAF	mitad
hall	JOL	vestíbulo
hallelujah	jal*e*LUia	aleluya
hallucination	*ja*luc*i*NEIsh*e*n	alucinación
ham	JAM	jamón
hamburger	jamB*U*Rg*e*r	hamburguesa
hammer	JAM*e*r	martillo
hammock	JAM*o*k	hamaca
hand	JAND	mano
handbook	JANDbuk	manual, libro de referencia
handcuff	JANDc*u*f	esposar, esposas
handicapped	JAND*i*kapt	minusválido
handicraft	JAND*i*kraft	artesanía

Inglés	Pronunciación	Significado
handkerchief	JANDk*e*rchif	pañuelo
handle	JANDL	manipular, asa, manija
handout	JANDaut	limosna, folleto
handsome	JANDs*o*m	bien parecido, guapo
handy	JANDi	práctico
hang	JANG	colgar
haphazard	japJAS*a*rd	casual, al azar
happen	JAP*e*n	suceder
harass	JAR*a*s	atormentar
harbor	JARb*o*r	puerto
hard	JARD	duro, difícil
hardly	JARDli	difícilmente
harmful	JARMf*u*l	dañino
harmonious	j*a*rMOUN*ius*	armonioso
harness	JARn*e*s	arnés
harpoon	jarPUN	arpón
harshness	JARSHn*e*s	aspereza
harvest	JARvest	cosecha
haste	JEIST	prisa
hasten	JEIS*e*n	apresurarse
hat	JAT	sombrero
hatch	JACH	empollar
hatchet	JACHet	hacha

Inglés	Pronunciación	Significado
hate	/EIT	odiar
hatred	/EITr*e*d	odio
haunted	/ONT*e*d	obsesionado(a), visitado por fantasmas
hawk	/OK	halcón
hay	/EY	heno, forraje
hazard	/AS*e*rd	peligro, riesgo
hazel	/EISl	avellano, color de avellana
hazy	/EIS*i*	nebuloso, brumoso
headache	/EDeik	dolor de cabeza
headquarters	/EDkuart*e*rs	oficina central
heal	/IL	sanar
health	/ELZ	salud
heap	/IP	montón, pila
hear	/IR	oír, escuchar
heart	/ART	corazón
hearth	/ARZ	hogar, fogón
heat	/IT	calor
heave	/IV	levantar (con esfurzo)
heaven	/EV*e*n	cielo
heavy	/EVi	pesado
Hebrew	/IBru	hebreo

Inglés	Pronunciación	Significado
hedge	/EDY	seto, cercado
heed	/ID	hacer caso de
heel	/IL	talón, tacón
height	/AIT	altura
heir	ER	heredero
hell	/EL	infierno
helmet	/ELm*e*t	casco (de bombero, etc.)
help	/ELP	ayudar, ayuda
helpless	/ELPles	indefenso
hemisphere	/EM*i*sfir	hemisferio
hence	/ENS	por lo tanto
herb	/ERB	hierba (medicinal o aromática)
herdsman	/ERDSman	pastor
here	/IR	aquí
heritage	/ERit*i*ch	legado, herencia
hermit	/ERmit	ermitaño
hero	/Irou	héroe
heroic	*j*eROIK	heroico
hesitant	/ES*i*t*a*nt	vacilante, indeciso
hesitate	/ES*i*teit	dudar
hide	/AID	esconder, esconderse
high	/AI	alto

Inglés	**Pronunciación**	**Significado**
highlander	/AIlander	montañés
highway	/AIuey	autopista
hijack–highjack	/AI**yak**	asaltar
hike	/AIK	dar una caminata
hilarious	*ji*LER*ius*	hilarante, muy divertido
hill	/*I*L	colina
hind	/AIND	trasero, posterior
hindsight	/AINDsait	visión retrospectiva
hinge	/*I*N**Y**	bisagra
hire	/AIR	alquilar, emplear
history	/*I*S*to*ri	historia
hit	/*I*T	golpear
hitch	/*I*CH	enganchar
hive	/AIV	colmena
hoarse	/OR*S*	ronco(a)
hobby	/**O**Bi	pasatiempo
hoe	/OU	azadón
hog	/**O**G	puerco, cerdo
hoist	/OIST	levantar, elevar
hold	/OULD	agarrar, contener, celebrar
holdup	/OULD*u*p	demora, asalto a mano armada

Inglés	Pronunciación	Significado
hole	*J*OUL	hoyo
holiday	*J*OLidei	día feriado
holiness	*J*OLines	santidad
hollow	*J*OLou	hueco
holocaust	*J*OL*o*k*o*st	holocausto
holy	*J*OULi	santo
homage	*J*OM*iy*	homenaje
home	*J*OUM	hogar
homely	*J*OUMli	casero, acogedor
honesty	ON*i*st	honesto
honey	*JU*Ni	miel
honorable	ONorabl	honorable
hood	*JU*D	capucha
hoof	*JU*F	casco, pezuña
hook	*JU*K	garfio, anzuelo
hop	*J*OP	saltar
hope	*J*OUP	esperanza
horizon	*j*oRAI*S*on	horizonte
horizontal	*j*or*i*SONt*a*l	horizontal
horn	*J*ORN	cuerno
hornet	*J*ORN*e*t	avispón
horoscope	*J*OR*o*skoup	horóscopo
horrible	*J*OR*i*bl	horrible

Inglés	**Pronunciación**	**Significado**
horse	JORS	caballo
hospitality	jospiTALiti	hospitalidad
hostility	josTILiti	hostilidad
hot	JOT	caliente
hound	JAUND	galgo
hour	AUR	hora
hourglass	AURglas	reloj de arena
house	JAUS	casa
however	jauEVer	sin embargo
howl	JAUL	aullar
huddle	JUDL	apiñarse, apilarse
hug	JUG	abrazar
huge	JIUY	enorme
hum	JUM	zumbar, canturrear
human	JIUman	humano
humane	jiuMEIN	humanitario
humanity	jiuMANiti	humanidad
humble	JUMbl	humilde
humdrum	JUMdrum	monótomo
humidity	jiuMIDiti	humedad
humility	jiuMILiti	humildad
humiliate	jiuMILieit	humillar
humor	JIUMor	humor

Inglés	Pronunciación	Significado
hunchback	*JU*NCHbak	jorobado
hundred	*JU*Ndred	cien
hunger	*JU*Ng*e*r	hambre
hungry	*JU*Ngri	hambriento
hunter	*JU*Nt*e*r	cazador
hurdle	*JU*Rdl	obstáculo
hurl	*JU*RL	lanzar
hurricane	*JU*R*i*kein	huracán
hurry	*JU*Ri	apresurarse, prisa
hurt	*JU*RT	lastimar
husband	*JU*Sband	esposo, marido
hush	*JU*SH	calmar, hacer guardar silencio
hustle	*JU*SL	empujar, apresurar
hyena	*J*AIna	hiena
hygiene	*j*aiYIN	higiene
hymn	*JI*M	himno
hyphen	*J*AIFn	guión largo
hypnosis	*ji*pNOUs*i*s	hipnosis
hypnotherapy	*ji*pnoZER*a*p*i*	hipnoterapia
hypocrisy	*j*aiPOKresi	hipocresía
hypocrite	*JI*Pokr*i*t	hipócrita
hysteria	*ji*sTERia	histeria

I

Inglés	Pronunciación	Significado
ice	AIS	hielo
icicle	AIS*i*kl	carámbano de hielo
icing	AISing	glaseado
idea	AIDi*a*	idea
identical	aiDENt*i*kl	idéntico
identify	aiDENt*i*fai	identificar
idle	AIDL	ocioso
ignite	*i*gNAIT	prenderle fuego a algo
ignition	*i*gNIsh*o*n	ignición
ignorance	*I*Gn*o*r*a*ns	ignorancia
illegal	*i*LIG*a*l	ilegal
illiterate	*i*L*I*T*era*t	analfabeta
illness	*I*Lnes	enfermedad
illuminate	*I*LUM*i*neit	iluminar
illusion	*i*LU*she*n	ilusión
illustrate	*I*L*u*streit	ilustrar
image	*I*Miy	imagen
imaginary	*i*MAY*i*n*e*ri	imaginario
imitate	*I*M*i*teit	imitar

Inglés	Pronunciación	Significado
immaturity	*i*m*a*TIUR*i*ti	inmadurez
immediately	*i*M*I*Diatli	inmediatamente
immensity	*i*MENS*i*ti	inmensidad
immigration	*i*m*i*GREIsh*e*n	inmigración
immobilize	*i*MOUb*i*lai*s*	inmovilizar
immoderate	*i*MODer*i*t	desmedido, inmoderado
immoral	*i*MORal	inmoral
immunity	*i*MIUN*i*ti	inmunidad
impartial	*i*mPARsh*a*l	imparcial
impatient	*i*mPEIsh*e*nt	impaciente
impeach	*i*mPICH	acusar de delitos
impenetrable	*i*mPENetr*a*bl	impenetrable
imperative	*i*mPER*a*t*i*v	imperativo
imperial	*i*mPIR*ia*l	imperial
impetuous	*i*mPECHus	impetuoso
impinge	*i*mP*I*NY	impactar
imply	*i*mPLAI	implicar
impose	*i*mPOUS	imponer
impossible	*i*mPOS*i*bl	imposible
impostor	*i*mPOSt*o*r	impostor
impoverish	*i*mPOV*e*r*i*sh	empobrecer
imprison	*i*mPR*I*S*o*n	encarcelar
improve	*i*mPRUV	mejorar

Inglés	Pronunciación	Significado
impudent	*I*Mpud*e*nt	insolente
impulse	*I*Mp*u*ls	impulso
inability	*i*n*a*BIL*i*ti	inhabilidad
inadequate	*i*nAD*i*kuit	inadecuado
inalienable	*i*nALien*a*bl	inalienable
inapplicable	*i*nAPl*i*k*a*bl	inaplicable
inattentive	*i*n*a*TENt*i*v	desatento(a)
inaugural	inAGiur*a*l	inaugural
inborn	*I*Nborn	innato
incalculable	*i*nKALkiul*a*bl	incalculable
incapable	*i*nKEIP*a*bl	incapaz
incision	*i*nS*I*SH*e*n	incisión
incite	*i*nSAIT	incitar
incline	*i*nKLAIN	inclinar
include	*i*nKLUD	incluir
incoherence	*i*nkou*JE*R*e*ns	incoherencia
income	*I*Nk*o*m	ingresos
inconceivable	*i*nk*o*nSIV*a*bl	inconcebible
incongruous	*i*nKONgru*e*s	incongruente
inconsiderate	*i*nk*o*nS*I*D*e*rit	desconsiderado
inconsistent	*i*nk*o*nS*I*St*e*nt	incoherente
inconstancy	*i*nKONst*a*nci	inconstancia
inconvenience	*i*nk*o*nVINiens	inconveniencia

Inglés	Pronunciación	Significado
incorporate	*i*nKORp*o*r*e*t	incorporar
increase	*i*nKRIS	incrementar
incredulity	*i*nkreDUL*i*ti	incredulidad
indebted	*i*nDET*i*d	endeudado, deber algo
indecisive	*i*ndiSAIs*i*v	indeciso
indeed	*i*nDID	ciertamente
indefinite	*i*nDEF*ini*t	indefinido
indicate	*I*Nd*i*keit	indicar
individuality	*i*nd*i*V*I*Du*a*l*i*ty	individualidad
indulgent	*i*nD*U*Lyent	indulgente
industrial	*i*nD*U*Stri*a*l	industrial
inexorable	*i*nEKs*o*rabl	inexorable
inferior	*i*nFIRior	inferior
infinite	*I*Nf*i*n*i*t	infinito
infirmary	*i*nF*I*Rm*e*ri	enfermería
inflammatory	*i*nFLAM*a*t*o*ry	inflamatorio
infringe	*i*nFR*I*NY	infringir
infuriate	*i*nFIUR*ie*t	enfurecer
ingenious	*i*nYINius	ingenioso(a)
inhabitant	*i*n*J*AB*i*t*a*nt	habitante
inhale	*i*n*J*EIL	inhalar
inherit	*i*n*J*ER*i*t	heredar
initial	*i*n*I*SH*a*l	inicial

Inglés	Pronunciación	Significado
injury	*I*Ny*e*ri	herida, daño
inkling	*I*NKl*i*ng	sospecha, idea vaga
inoculate	*i*nOKiuleit	inocular
inquire	*i*nKUAIR	preguntar
insane	*i*nSEIN	demente
insanity	*i*nSANiti	demencia
insatiable	*i*nSEIsh*a*bl	insaciable
inside	*i*nSAID	dentro
inspire	*i*nsPAIR	inspirar
install	*i*nsTOL	instalar
instead	*i*nsTED	en lugar de
instigate	*I*NStigeit	instigar
institution	*i*nst*i*TUsh*e*n	institución
instructive	*i*nsTRUKT*i*v	instructivo
insurance	*i*nSHURans	seguro (póliza)
integrate	*I*Nt*e*greit	integrar
intellectual	*i*nt*e*LEKchu*e*l	intelectual
intelligence	*i*nTEL*i*yens	inteligencia
intentional	*i*nTENsh*e*n*a*l	intencional
interlude	*I*Nt*e*rlud	interludio
interview	*I*Nt*e*rviu	entrevista
intrigue	*i*nTRIG	intriga
introduce	*i*ntr*o*DUS	introducir

Inglés	Pronunciación	Significado
intuition	*i*ntuISH*e*n	intuición
invaluable	*i*nVALu*a*bl	invluable
invariably	*i*nVEIRiabli	invariablemente
inversion	*i*nVERsh*e*n	inversión
investigate	*i*nVESTigeit	investigar
invite	*i*nVAIT	invitar
invoice	*i*nVOIS	factura
invoke	*i*nVOUK	invocar
involve	*i*nVOLV	involucrar
ionosphere	aiON*o*sfir	ionosfera
irascible	iRAS*i*bl	irascible
Irish	AIrish	irlandés
iron	AIr*e*n	hierro; plancha
ironical	aiRONikl	irónico
irrational	*i*RASHion*a*l	irracional
irrefutable	*i*REFiut*a*bl	irrefutable
irreplaceable	*i*r*i*PLEIS*a*bl	irremplazable
irresistible	*i*r*i*S*I*St*i*bl	irresistible
irrevocable	*i*REV*o*k*a*bl	irrevocable
irrigate	*I*R*i*geit	irrigar
irritate	*I*R*i*teit	irritar
island	AIland	isla
isolate	AIs*o*leit	aislar

Inglés	Pronunciación	Significado
issue	*I*SH**u**	asunto, tema, problema
item	AIT*e*m	elemento, punto
itinerary	*i*T*I*Ner*a*ri	itinerario
ivory	AIV*o*ri	marfil
ivy	AIV*i*	hiedra

J

Inglés	Pronunciación	Significado
jabber	YAB*er*	hablar sin coherencia
jacket	YAK*e*t	chaqueta
jackpot	YAKpot	lotería
jaguar	YAGuar	jaguar
jail	YEIL	cárcel
jam	YAM	mermelada
January	YANiu*e*ri	enero
Japanese	YAP*a*nis	japonés
jar	YAR	recipiente, jarra
jaw	YO	mandíbula
jealous	YELus	celoso(a)
jelly	YELi	gelatina
jerk	Y*E*RK	sacudir bruscamente
Jew	YU	judío
jewel	YU*e*l	joya
jingle	Y*I*Ngl	sonido de campanillas
job	YOB	trabajo
join	YOIN	unir, unirse
joint	YOINT	articulación

Inglés	**Pronunciación**	**Significado**
joke	YOUK	broma, chiste
jolt	YOULT	sacudirse
jostle	YOSL	dar un empujón o un codazo
journal	Y*U*Rn*a*l	revista, publicación
journalism	Y*U*Rn*a*lism	periodismo
journey	Y*U*Rny	viaje
joy	YOI	alegría
joyous	YOI*us*	alegre
jubilee	YUB*i*li	jubileo
judge	Y*U*DY	juez
judgement	Y*U*DYment	juicio
juggler	Y*U*Gler	malabarista
juice	YUS	jugo
July	yuLAI	julio (mes)
jumble	Y*U*MBL	mezclar, revolver
jump	Y*U*MP	brincar
jungla	Y*U*NGL	jungla
junk	Y*U*NK	basura, chatarra
just	Y*U*ST	justo
justice	Y*U*STis	justicia

K

Inglés	Pronunciación	Significado
kaleidoscope	kaLAIDoskoup	calidoscopio
kangaroo	kang*a*RU	canguro
kayak	KAIak	kayak
keel	KIL	quilla (de barco)
keen	KIN	que muestra entusiasmo o interés
keep	KIP	guardar, mantenerse
kennel	KENL	perrera
kernel	KERnl	grano
kettle	KETL	tetera
kettledrum	KETLdr*u*m	timbales
key	KI	llave, clave
keyboard	KIbord	teclado
keynote	KInout	idea central, tónica
kick	K*I*K	patada; patear
kid	K*I*D	niño(a), bromear
kidnap	K*I*Dnap	secuestrar
kidney	K*I*Dni	riñón
kill	K*I*L	matar

Inglés	Pronunciación	Significado
kind	KAIND	bondadoso; tipo de, clase de
kindle	K*I*Ndl	encender
king	K*I*NG	rey
kingdom	K*I*NGd*o*m	reino
kinship	K*I*Nship	parentesco
kiss	K*I*S	beso, besar
kit	K*I*T	equipo para una actividad
kitchen	K*I*Tch*e*n	cocina
kite	KAIT	cometa, papalote
kitten	K*I*Tn	gatito
knack	NAK	truco, destreza
knee	NI	rodilla
kneel	NIL	arrodillarse
knife	NAIF	cuchillo
knight	NAIT	caballero
knit	NIT	tejer
knob	N**O**B	perilla de puerta
knock	N**O**K	golpe, golpear
knot	N**O**T	nudo
know	NOU	saber, conocer
know-how	NOU-*J*AU	pericia
knuckles	N*U*KL*S*	nudillos

L

Inglés	Pronunciación	Significado
label	LEIBL	etiqueta, rótulo
labor	LEIBR	trabajo, trabajar
laboratory	LAB*o*r*a*t*o*ri	laboratorio
lace	LEIS	encaje, cordón de zapato
lack	LAK	falta de, carencia
lad	LAD	muchacho
ladder	LAD*e*r	escalera
lady	LEIDi	dama
lag	LAG	retraso, retrasarse
lake	LEIK	lago
lamb	LAM	cordero
lame	LEIM	cojo
lament	L*A*Ment	lamento, lamentar
lamp	LAMP	lámpara
land	LAND	tierra
landlord	LANDlord	terrateniente, arrendador
landmark	LANDmark	sitio importante
landscape	LANDskeip	paisaje

Inglés	**Pronunciación**	**Significado**
landslide	LANDslaid	derrumbe de tierras; victoria aplastante
lane	LEIN	sendero, carril
language	LANguiy	lenguaje
lantern	LANt*er*n	linterna
lap	LAP	regazo
lapse	LAPS	lapso
large	LARY	grande
laser	LEIs*er*	láser
last	LAST	último, durar
late	LEIT	tarde
laugh	LAF	reír
launch	LONCH	echar al agua, lanzar, introducir, lancha
laundry	LONdri	lavandería
law	LO	ley
lawn	LON	césped
lawnmower	LONmaur	podadora de césped
lawsuit	LOsut	demanda legal
lawyer	LOier	abogado
lay	LEI	poner, colocar, preparer
layout	LEIaut	distribución (de una casa)

Inglés	Pronunciación	Significado
lazy	LEI*si*	perezoso, flojo
lead	LED	plomo
lead	LID	guiar
leader	LID*er*	líder
leaf	LIF	hoja
leaflet	LIFlet	folleto
league	LIG	liga, asociación
leak	LIK	gotear, gotera
lean	LIN	inclirarse; delgado(a), magro
leap	LIP	saltar, salto
learn	L*E*RN	aprender
lease	LI*S*	rentar
leash	LISH	correa
least	LIST	mínimo
leather	LE*D*er	cuero, piel
leave	LIV	irse, abandonar, dejar
lecture	LEKch*u*r	discurso, conferencia, clase
left	LEFT	izquierda
leg	LEG	pierna (de persona), pata (de mueble)
legal	LIG*a*l	legal

Inglés	**Pronunciación**	**Significado**
legend	LEY*e*nd	leyenda
legion	LIY*o*n	legión
legislator	LEY*i*sleitr	legislador
legitimate	leY*I*T*i*m*e*t	legítimo
leisure	LIsh*u*r	tiempo libre
lemon	LEM*o*n	limón
length	LENGZ	largo, longitud
lesson	LESn	lección
letter	LET*e*r	carta, letra
level	LEVL	nivel, plano
liability	laiaBILiti	responsabilidad, riesgo
liaison	LIeis*o*n	coordinación, enlace
liberty	L*I*B*e*rti	libertad
library	LAIBr*e*ri	biblioteca
license	LAIS*e*ns	licencia
lick	L*I*K	lamer, lamida
lid	L*I*D	tapón, tapa
lie	LAI	mentira, acostarse, yacer
lieutenant	luTEN*a*nt	teniente
life	LAIF	vida
lift	L*I*FT	levantar, impulsar, llevar en coche
light	LAIT	luz, ligero

Inglés	Pronunciación	Significado
like	LAIK	gustar, agradar
likely	LAIKli	probable
limb	L*I*M	extremidad (del cuerpo)
lime	LAIM	lima
limelight	LAIMlait	ser el centro de atención
limestone	LAIMstoun	piedra caliza
limit	L*I*M*i*t	límite, limitar
line	LAIN	línea
linger	L*I*Ng*e*r	entretenerse, permanecer
linguistics	l*i*nGUIST*i*ks	lingüística
link	L*I*NK	eslabón
lion	LAI*e*n	león
lip	L*I*P	labio
listen	L*I*SN	escuchar
literatura	L*I*Terachur	literatura
lithography	l*i*ZOGr*a*fi	litografía
little	L*I*TL	pequeño, poco
live	L*I*V	vivir
liver	L*I*Vr	hígado
living room	L*I*Ving rum	sala de estar
lizard	L*I*Sard	lagarto
load	LOUD	carga

Inglés	Pronunciación	Significado
loaf	LOUF	barra de pan; holgazanear
loan	LOUN	préstamo
loathsome	LOU*Dso*m	repugnante
lobby	L**O**Bi	vestíbulo
lobster	L**O**Bstr	langosta
location	l*o*KEIsh*e*n	ubicación
lock	L**O**K	cerradura, candado; cerrar con llave
lodge	L**OY**	logia, depositar, alojarse
loft	L**O**FT	desván
lofty	L**O**Fti	altivo
log	L**O**G	tronco de árbol; registrar
logbook	L**O**Gbuk	diario, registro
logic	L**OY**ic	lógica
lollipop	L**O**Lipop	dulce, paleta
loneliness	LOUNlines	soledad
long	L**O**NG	largo, desear mucho
look	LUK	mirar
loom	LUM	telar, avecinarse
loop	LUP	curva, lazada
loose	LUS	suelto, holgado
loot	LUT	saquear, robar

Inglés	**Pronunciación**	**Significado**
lord	LORD	señor, noble
lose	LUS	perder
loss	LOS	pérdida
lost	LOST	pretérito de perder
lot	L**O**T	mucho, montones; parcela
loud	LAUD	fuerte (sonido)
loudspeaker	LAUDspikr	altavoz
lounge	LAUN**Y**	salón, sala
lousy	LAUSi	pésimo, asqueroso
love	L*O*V	amor
low	LOU	bajo
loyal	LOI*a*l	leal
luck	L*U*K	suerte
luggage	L*U*G***iy***	equipaje
lukewarm	**LU**Ku*a*rm	tibio, poco entusiasta
lullaby	L*U*L*a*bai	canción de cuna
lumber	L*U*Mb*e*r	madera
lumberjack	L*U*Mb*e***ryak**	leñador
lump	L*U*MP	bulto, chichón, trozo
lung	L*U*NG	pulmón
lurk	L*U*RK	acechar
luxurious	L*U*Gshuri*u*s	lujoso

M

Inglés	**Pronunciación**	**Significado**
machine	m*a*SHIN	máquina
machine-gun	m*a*SHINg*u*n	ametralladora
machinery	m*a*SHIN*e*ri	maquinaria
mad	MAD	loco
magazine	MAG*as*in	revista
magic	MAY*i*k	mágico(a), magia
magistrate	MAY*i*streit	magistrado
magnate	MAGneit	magnate
magnesia	magNISHa	magnesia
magnetism	MAGnetism	magnetismo
magnitude	MAGn*i*tiud	magnitud
maid	MEID	muchacha, sirvienta
maiden	MEID*e*n	doncella, soltera
mail	MEIL	correo
main	MEIN	principal
maintain	meinTEIN	mantener
maintenance	meinTEIN*a*ns	mantenimiento
majestic	m*a*YEST*i*k	majestuoso
major	MEIY*e*r	importante, serio

Inglés	Pronunciación	Significado
make	MEIK	hacer
makeup	MEIK*u*p	maquillaje
male	MEIL	macho, masculine
malice	MAL*i*s	malicia
mall	MOL	centro comercial
man	MAN	hombre
manage	MANiy	dirigir, administrar
mandatory	MANd*a*tori	obligatorio
maneuver	maNUV*e*r	maniobra, maniobrar
manhood	MAN*j*ud	edad adulta (de un hombre), hombría
manifest	MAN*i*fest	manifestar
manipulate	maNIPiuleit	manipular
manner	MAN*e*r	manera
mannered	MAN*e*rd	afectado, amanerado
manpower	MANpou*e*r	recursos humanos
mansion	MANshen	mansión
mantelpiece	MANtlp*i*s	repisa de chimenea
mantle	MANtl	manto
manual	MAÑual	manual
manufacture	mañ*u*FAKch*u*r	fabricar
many	MENi	muchos(as)
marble	MARbl	mármol

Inglés	**Pronunciación**	**Significado**
margin	MARy*i*n	margen
markedly	MARK*e*dli	en form notoria
market	MARk*i*t	mercado
marketing	MARk*i*ting	mercadotecnia
marriage	MARiy	matrimonio
marvelous	MARvel*u*s	maravilloso
masonry	MEIS*o*nri	albañilería, mampostería
massacre	MAS*a*kr	masacre
massage	m*a*SA*Y*	masaje
master	MAStr	maestro, superior
masterpiece	MASt*e*rpis	obra maestra
match	MACH	fósforo, competencia; igualar, corresponder
material	m*a*T*I*Rial	material
maternity	m*a*T*E*Rn*i*ti	maternidad
mathematics	MAZ*e*matics	matemáticas
matter	MATer	asunto, material
mature	maCHUR	maduro, con madurez
may	MEI	poder
meager	MIG*e*r	precario
meal	MIL	comida
mean	MIN	significar; cruel
means	MINS	medios

Inglés	Pronunciación	Significado
meantime	MINtaim	mientras tanto
measles	MI*S*L*S*	sarampión
measure	MESH*u*r	medir, medida
meat	MIT	carne
mechanic	meKAN*i*k	mecánico
mediator	MID*i*aitr	mediador
medical	MEDikl	médico
medicate	MEDikeit	administrar medicamentos
mediocrity	mid*i*OKr*i*ti	mediocridad
meditate	MED*i*teit	meditar
meet	MIT	encontrarse, conocerse, reunirse
meeting	MITing	reunión
melody	MEL*o*di	melodía
melt	MELT	fundir, derretir
member	MEMbr	miembro
memory	MEM*o*ri	memoria
menace	MENes	amenaza
mend	MEND	componer, remendar
mention	MENsh*o*n	mención, mencionar
merchandise	M*E*Rch*a*ndai*s*	mercancía
mercy	M*E*Rsi	clemencia, misericordia

Inglés	Pronunciación	Significado
merger	M*E*Ry*e*r	fusión
mess	MES	desorden, lío
message	MESiy	mensaje
metalic	meTAL*i*k	metálico
metallurgy	MET*a*luryi	metalurgia
metaphor	MET*a*for	metáfora
meteorite	MIT*io*rait	meteorito
meter	MIT*e*r	metro
method	MEZ*o*d	método
microscope	MAIKr*o*skoup	microscopio
middle	M*I*DL	centro, medio
midget	M*I*Dyet	enano
might	MAIT	podría, poderío, fuerza
mighty	MAITi	poderoso
migraine	MAIgrein	migraña
migrate	MAIgreit	emigrar
mild	MAILD	suave, ligero, templado
mile	MAIL	milla
military	M*I*L*it*ari	militar
milk	M*I*LK	leche
mill	M*I*L	molino
millionaire	M*I*Lion*e*r	millonario
mincemeat	M*I*NSmit	carne molida, picadillo

Inglés	**Pronunciación**	**Significado**
mind	MAIND	mente, cuidar
mine	MAIN	mío, mina
mingle	M*I*NGL	ser sociable, mezclar
minister	M*I*N*is*t*e*r	ministro
minor	MAIN*o*r	menor, de poca importancia
minority	m*i*NORiti	minoría
minute	M*I*N*i*t	minuto
	MAIN**u**t	diminuto
miracle	M*I*R*a*kl	milagro
mirror	M*I*R*o*r	espejo
mishief	M*I*Schif	travesura
mischivous	M*I*Sch*i*v*u*s	travieso
miserable	M*I*S*e*r*a*bl	miserable, triste, abatido
misfortune	m*is*FORch*u*n	desgracia
miss	M*I*S	señorita, fallar, perder (una experiencia), extrañar
mistake	m*is*TEIK	error
mistrust	m*is*TR*U*ST	desconfiar
misty	M*I*STi	neblinoso
misunderstand	m*isu*nd*e*rSTAND	entender mal
mixture	M*I*Xch*u*r	mezcla

Inglés	**Pronunciación**	**Significado**
moan	MOUN	gemir
mock	M**O**K	burla, imitación
moderate	M**O**D*e*r*e*t	moderado, moderar
modern	M**O**D*e*rn	moderno
modest	M**O**D*e*st	modesto
modify	M**O**D*i*fai	modificar
moist	MOIST	húmedo
mold	MOULD	molde, moldear
molten	MOULt*e*n	fundido
moment	MOUMent	momento
monarchy	M**O**N*a*rki	monarquía
monastery	M**O**N*a*stri	monasterio
Monday	M**O**Ndei	lunes
money	M*U*Ni	dinero
monkey	M*U*Nki	mono, mico
monopoly	m*u*N**O**Poli	monopolio
monster	M**O**NSt*e*r	monstruo
month	M**O**NZ	mes
monument	M**O**Niument	monumento
mood	M**U**D	estado de ánimo
moon	M**U**N	luna
morality	MORality	moralidad
morass	moRAS	ciénaga

Inglés	Pronunciación	Significado
more	MOR	más
morning	MORning	mañana
mortality	morTAL*i*ti	mortalidad
mortgage	MORg*iy*	hipoteca
most	MOUST	mayoría, más
mother	MO*De*r	madre
motion	MOUSH*en*	movimiento
motive	MOUT*iv*	motivo
motor	MOUT*or*	motor
mound	MAUND	montículo
mountain	MAUNT*en*	montaña
mourn	MOURN	llorar por una pérdida
mouse	MAUS	ratón
mouth	MAUZ	boca
move	MUV	mover, moverse, movimiento
movie	MUVi	película
mower	MOU*e*r	podadora de césped
much	M*U*CH	mucho
muddy	M*U*Di	lodoso
muffle	M*U*FL	amortiguar (un sonido)
multiple	M*U*Lt*i*pl	múltiple
multiply	M*U*Lt*i*plai	multiplicar

Inglés	**Pronunciación**	**Significado**
mumble	M*U*Mbl	hablar entre dientes
municipal	miuN*I*S*i*pl	municipal
murder	M*U*Rdr	asesinato
muscle	MUSL	músculo
museum	miuSI*e*m	museo
mushroom	M*U*SHrum	hongo, champiñón
musical	MIUSikl	musical
must	M*U*ST	deber, tener obligación
mustache	m*us*TASH	bigote
mustard	M*U*St*a*rd	mostaza
mutation	miuTEISH*e*n	mutación
mutiny	MIUtini	motín
mutual	MIUchual	mútuo
myriad	M*I*Riad	miríada, multitud de
myself	MAIself	yo mismo
mysterious	m*is*T*I*Rius	misterioso
mythology	m*i*ZOL*o*gi	mitología

N

Inglés	**Pronunciación**	**Significado**
nail	NEIL	clavo, clavar, uña
naive	naIV	ingenuo(a)
naked	NEIked	desnudo
name	NEIM	nombre, nombrar
nap	NAP	siesta
napkin	NAPkin	servilleta
narrative	NARativ	narrativo, narración
narrow	NARou	angosto
nasty	NASti	desagradable
nation	NEIsh*o*n	nación
national	NASHion*a*l	nacional
native	NEITiv	nativo
natural	NACH*u*ral	natural
nature	NEIch*u*r	naturaleza
nausea	NOsha	náusea
navigate	NAV*i*geit	navegar
navy	NEIvi	marina de guerra
near	NIR	cerca
neat	NIT	ordenado, pulcro, bonito

Inglés	Pronunciación	Significado
necessary	NES*esa*ri	necesario
neck	NEK	cuello
necklace	NEKleis	collar
necktie	NEKtai	corbata
need	NID	necesitar, necesidad
needle	NIDL	aguja
neglect	niGLEKT	descuido
negligent	NEGl*i*yent	negligente
negotiate	niGOUshieit	negociar
neighbor	NEIb*o*r	vecino
neither	NI*De*r	ninguno de los dos
nephew	NEFiu	sobrino
nervous	NERv*us*	nervioso(a)
nest	NEST	nido
network	NETu*e*rk	transmitir en cadena
neurologist	nuR**O**Loyist	neurólogo
neutralize	N**U**tralais	neutralizar
never	NEVR	nunca
new	NIU	nuevo
news	NIUS	noticias
next	NEXT	siguiente
nice	NAIS	agradable
nickel	NIKel	moneda de 5 centavos

Inglés	Pronunciación	Significado
nickname	NIKneim	apodo, nombre de cariño
night	NAIT	noche
nine	NAIN	nueve
nineteen	nainTIN	diecinueve
nitrogen	NAITr*o*yen	nitrógeno
nobility	n*o*B*I*LIiti	nobleza
nobody	NOUb*o*di	nadie
noise	NOIS	ruido
none	N*O*N	ninguno
nonsense	N**O**Nsens	tonterías
noon	N**U**N	mediodía
noose	N**U**S	soga
north	NORZ	norte
nose	NOUS	nariz
nostril	N**O**Stril	ventana de la nariz
notarize	NOUt*a*rais	notarizar
note	NOUT	nota
nothing	N*O*Zing	nada
notice	NOUT*is*	notar
notify	NOUT*i*fai	notificar
notion	NOUsh*e*n	noción
notorious	nouTORius	notorio

Inglés	Pronunciación	Significado
noun	NAUN	sustantivo
nourish	N*U*R*i*sh	nutrir
novelist	N**O**Velist	novelista
novelty	N**O**Velti	novedad
now	NAU	ahora
nowhere	NOU*j*uer	en ningún lugar
nuclear	N**U**Klear	nuclear
nudge	N*U***Y**	dar un codazo suave
nugget	N*U*G*e*t	pepita de oro
nuisance	N**U**S*a*ns	molestia
numb	N*U*M	insensible
number	N*U*Mbr	número
numerical	niuMERikl	numérico
nurse	N*U*RS	enfermera
nut	N*U*T	nuez, loco
nutrition	n**u**TRISH*e*n	nutrición

O

Inglés	**Pronunciación**	**Significado**
oak	OUK	roble
oar	OUR	remo
oat	OUT	avena
oath	OUZ	promesa, juramento
obedient	*o*BID*i*dient	obediente
obey	*o*BEI	obedecer
object	**O**Byekt	objeto
obligation	obl*i*GEIsh*e*n	obligación
oblivion	*o*BLIv*ie*n	olvido
obscure	obsKIUR	oscuro, oscurecer
observatory	obSERv*a*tori	observatorio
obsession	obSEshen	obsesión
obstacle	**O**BSt*a*kl	obstáculo
obstinate	**O**BStin*e*t	obstinado
obstruction	**O**BStr*u*ksh*e*n	obstrucción
obtain	*o*bTEIN	obtener
obvious	**O**Bv*ies*	obvio
ocasión	*o*KEIsh*e*n	ocasión
occlusion	*o*KL**U**sh*e*n	oclusión

Inglés	Pronunciación	Significado
occupy	**O**Kiupai	ocupar
occur	*o*KIUR	ocurrir
ocean	OUsh*e*n	océano
octagon	**O**Kt*a*g*o*n	octágono
October	*o*kTOUB*e*r	octubre
octopus	**O**Kt*o*p*u*s	pulpo
odd	**O**D	raro
odontology	*o*d*o*nT**O**L*o*yi	odontología
offend	*o*FEND	ofender
offer	OF*e*r	ofrecer
office	OF*i*s	oficina
official	*o*FISH*a*l	oficial
often	OFn	frecuentemente
oil	OIL	petróleo, aceite, óleo
		lubricar, aceitar
old	OULD	viejo
olive	OL*i*v	aceituna, oliva
ominous	OM*i*n*u*s	amenazante
once	UANS	una vez
one	UAN	uno
onion	**O**N*i*on	cebolla
only	OUNli	solamente
open	OUpn	abierto

Inglés	Pronunciación	Significado
operate	**O**Pereit	operar
opinion	*o*PINi*o*n	opinión
opportunity	**o**p*o*rTIUniti	oportunidad
opposite	**O**Posit	opuesto, enfrente
optician	*o*pTISH*e*n	oculista
optimism	**O**Pt*i*m*i*sm	optimismo
option	**O**Psh*e*n	opción
orange	ORany	naranja
orbit	ORb*i*t	órbita
orchestra	ORkestra	orquesta
order	ORd*e*r	orden
ordinary	ORd*i*n*e*ri	ordinario
organize	ORg*a*nais	organizar
origin	OR*i*y*i*n	origen
ornery	ORneri	de mal genio
orphanage	ORf*a*n*i*y	orfanatorio
other	O*D*er	otro
ought	OT	debería
ounce	AUNS	onza
our	AUR	nuestro
out	AUT	fuera
outfit	AUTfit	conjunto, traje
outlaw	AUTlo	bandido; prohibir

Inglés	Pronunciación	Significado
outrageous	autREIy*us*	vergonzoso, escandaloso
oven	OVn	horno
over	OUv*e*r	al otro lado, encima, terminar
overcast	OUV*e*rk*a*st	nublado
overcoat	OUV*e*rkout	abrigo
overhaul	OUV*erj*ol	revisión completa
overwhelm	OUV*erj*uelm	abrumar
owl	AUL	lechuza
own	OUN	poseer, propio
oxygen	Ox*i*y*e*n	oxígeno
oyster	OISt*e*r	ostra

P

Inglés	**Pronunciación**	**Significado**
pace	PEIS	caminar
pacemaker	PEISmeikr	(med.) marcapaso
pacific	p*a*SIF*i*k	pacífico
pack	PAK	mochila, empaquetar, hacer maletas
package	PAKiy	paquete
pagan	PEIgn	pagano
page	PEIY	página
pain	PEIN	dolor
paint	PEINT	pintura, pintar
pair	PER	par
palace	PALas	palacio
palate	PAL*e*t	paladar
pale	PEIL	pálido(a)
pamphlet	PAMfl*e*t	folleto, panfleto
panther	PANz*e*r	pantera
pantry	PANtri	despensa
paper	PEIP*e*r	papel
parachute	PAR*a*chut	paracaídas

Inglés	Pronunciación	Significado
parade	PAReid	desfile
paradise	PAR*a*dais	paraíso
paragraph	PAR*a*graf	párrafo
paralyze	PAR*a*lai*s*	paralizar
parasite	PAR*a*sait	parásito
parent	PER*e*nt	padre de familia
parish	PAR*i*sh	parroquia
parlor	PARl*o*r	sala
parrot	PAR*o*t	loro, repetir como loro
partial	PARsh*a*l	parcial
particular	parTIKiular	particular
partner	PARTn*e*r	socio
passage	PAS*iy*	pasaje
passenger	PAS*e*ny*e*r	pasajero
passion	PASH*o*n	pasión
passport	PASp*o*rt	pasaporte
pastry	PEIStri	pasta (de repostería)
patch	PACH	parchar, parche
path	PAZ	camino
patience	PAIsh*e*ns	paciencia
patron	PATr*o*n	patrón
patriot	PEITriot	patriota
pattern	PAT*e*rn	modelo, diseño

Inglés	Pronunciación	Significado
pause	POS	pausa
pavement	PEIVment	pavimento
paw	PO	pata (de animal)
pay	PEI	pagar
payroll	PEIrol	nómina
peace	PIS	paz
peach	PICH	durazno
peacock	PIK*o*k	pavo real
peak	PIK	pico, cúspide
peanut	PIn*u*t	cacahuate, maní
pearl	PERL	perla
pebble	PEBL	guijarro, piedrecita
peculiar	peKIULi*a*r	peculiar
peddler	PEDl*e*r	vendedor ambulante
peek	PIK	asomarse
peel	PIL	pelar
peer	PIR	compañero; mirar detenidamente
penny	PENi	centavo
people	PIPL	gente
pepper	PEP*e*r	pimienta
perceive	PERs*iv*	percibir
percentage	p*e*rSENT*iy*	porcentaje

Inglés	**Pronunciación**	**Significado**
perfect	PERfekt	perfecto
performance	perFORmans	desempeño, actuación
period	PIR*io*d	periodo, punto final
perish	PER*i*sh	perecer
permeate	PERmieit	impregnar
permission	p*e*rMISH*o*n	permiso
perpetuate	PERpetueit	perpetuar
persistence	p*e*rS*I*St*e*ns	persistencia
personality	p*erso*NAL*i*ti	personalidad
personnel	PERsonel	personal (oficina)
perspective	p*e*rsPEKt*i*v	perspectiva
persuade	p*e*rSUEID	persuadir
perversity	p*e*rVERs*i*ti	perversidad
petition	peTIsh*o*n	petición
petty	PETi	insignificante
pharmacologist	f*a*rm*a*KOLoy*i*st	farmacólogo
phase	fei*s*	fase
philanthropy	f*i*LANzr*o*pi	filantropía
phone	foun	teléfono
photocopy	FOTokopi	fotocopia
photographer	foTOGgraf*e*r	fotógrafo
phrase	FREIS	frase
physical	FISikl	(adjetivo) físico

Inglés	Pronunciación	Significado
physician	fiSISHen	médico
physicist	FISisist	físico (profesión)
physiotherapy	fisioZERapi	fisioterapia
pick	PIK	seleccionar, recoger
picture	PIKchur	imagen, retrato
piece	PIS	pedazo, trozo
pierce	PIRS	perforar
pig	PIG	cerdo
pigeon	PIYen	pichón, paloma
pile	PAIL	montón, pila, apilar
pilgrim	PILgrim	peregrino
pill	PIL	pastilla
pillow	PILou	almohada
pilot	PAILot	piloto
pineapple	PAINapl	piña
pinhead	PINjed	cabeza de alfiler
pinewood	PAINuud	pinar, bosque de pinos
pink	PINK	color de rosa
pinkie	PINKi	meñique
pioneer	PAIonir	pionero
pipe	PAIP	tubería, gaita, pipa
pirate	PAIRet	pirata
pitch	PICH	grado, tono, armar

Inglés	Pronunciación	Significado
		(tienda de campaña), lanzar (pelota)
pitfall	P*I*Tfol	dificultad, escollo
pity	P*I*Ti	lástima
place	PLEIS	lugar, colocar
plague	PLEIG	plaga, peste; asolar
plain	PLEIN	sencillo, llano
plaster	PL**A**Str	yeso
plate	PLEIT	plato, placa
plateau	pl*a*TO	altiplanicie, meseta
plausible	PLOSibl	plausible
play	PLEI	jugar, obra teatral
plead	PLID	suplicar
pleasant	PLES*e*nt	agradable
please	PLIS	agradar, por favor
pledge	PLED**Y**	promesa
pliers	PLAI*er*s	pinzas
plow	PLAU	arado, arar
plug	PL*U*G	tapón, tapar; toma de corriente
plumber	PLUMb*er*	fontanero
plunge	PL*U*N**Y**	sumergir, sumergirse
pocket	**PO**K*i*t	bolsillo

Inglés	Pronunciación	Significado
pockmark	POKmark	marca de viruela
poetry	POetri	poesía
pointless	POINTles	vano, inútil
poison	POIS*o*n	veneno
poke	POUK	clavar, golpear; codazo, golpe
pole	POUL	poste
polish	POLish	pulir
polite	p*o*LAIT	cortés, educado
polytheism	POLizeism	politeísmo
ponder	PONd*e*r	cavilar
pool	PUL	piscina, pileta
poor	PUR	pobre
popular	POPiul*a*r	popular
portable	PORT*a*bl	portátil
portray	porTREI	representar
possess	poses	poseer
possible	POSibl	posible
post	POST	poste, mandar por correo, puesto, empleo
postscript	POSTskirpt	posdata
potato	poTEITo	patata, papa
potential	poTENsh*a*l	potencial

Inglés	Pronunciación	Significado
pottery	POTeri	cerámica
pouch	PAUCH	bolsa, morral
pound	PAUND	libra, machacar
pour	POR	verter, echar, llover torrencialmente
powder	PAUD*er*	polvo
power	PAUR	poder, potencia
practical	PRAKt*i*kl	práctico
praise	PREIS	alabar
pray	PREI	rezar
preach	PRICH	predicar
precede	preSID	preceder
precious	PREsh*us*	precioso
precise	priSAI*S*	preciso
prefer	priFER	preferir
prepare	prePER	preparar
prescribe	prisKRAIB	prescribir
pressure	PRESHur	presión
pretend	priTEND	fingir, aparentar
pretty	PRITi	bonito, muy
prevent	priVENT	prevenir
price	PRAIS	precio
prickle	PRIKL	espina, picor

Inglés	Pronunciación	Significado
pride	PRAID	orgullo
priest	PRIST	sacerdote
primary	PRAIM*a*ri	primario
priority	praiORiti	prioridad
prisoner	PRISoner	prisionero
private	PRAIvet	privado
privilege	PRIV*i*ley	privilegio
prize	PRAI*S*	premio, valorar
procedure	proSIDiur	procedimiento
procure	proKIUR	conseguir
produce	proDIUS	producir
proficiency	proFISHensi	competencia
profile	PROfail	perfil, reseña
profitable	PROfitabl	provechoso, rentable
profound	proFAUND	profundo
progressive	proGRESiv	progresivo
promote	proMOUT	promover
promptly	PROMPTli	con prontitud
prone	PROUN	propenso
pronounce	proNAUNS	pronunciar
proof	PRUF	prueba
properly	PROPerli	correctamente
property	PROPerti	propiedad

Inglés	**Pronunciación**	**Significado**
proposal	proPOU*Sa*l	propuesta
prosecute	PROS*e*kiut	enjuiciar
prosperous	PROSp*e*rus	próspero
protective	proTEKtiv	protector
protein	PROTin	proteína
protrude	proTUD	sobresalir, asomarse
proud	PRAUD	orgulloso
prove	PRUV	probar, demostrar
provide	proVAID	suministrar, proporcionar
provoke	proVOUK	provocar
psalm	SALM	salmo
psychotherpy	SAIKo-ZER*a*pi	psicoterapia
public	P*U*Bl*i*k	público
pull	PUL	jalar, arrastrar, arrancar
pulsation	p*u*lSEIsh*e*n	pulsación
punch	P*U*NCH	puñetazo
punctual	P*U*Nchual	puntual
puncture	P*U*Nch*u*r	pinchadura
punish	P*U*N*i*sh	castigar
puppet	P*U*P*e*t	títere, marioneta
purchase	P*U*Rch*e*s	comprar
pure	PIUR	puro

Inglés	Pronunciación	Significado
purg	P*U*RY	purga, purgar
purify	PIUR*i*fai	purificar
purple	P*U*RPL	púrpura
purpose	P*U*Rp*u*s	propósito
purse	P*U*RS	monedero
pursue	p*u*rSU	perseguir
push	PUSH	empujar
put	P*U*T	poner
puzzle	P*U*SL	acertijo, rompecabezas, adivinanza

Q

Inglés	Pronunciación	Significado
quadrangle	kuaDRANgle	patio interior
quaint	KUEINT	pintoresco
qualified	KUAlifaid	idóneo, calificado
qualm	KUOM	escrúpulo
quantity	KUANtiti	cantidad
quarrel	KUARL	pleito
quarter	KUAR*ter*	cuarta parte, distrito moneda de 25 centavos
queen	KUIN	reina
queer	KUIR	extraño
query	KUIRI	duda, pregunta, cuestionar
question	KUESch*en*	pregunta
questionnaire	kuesCHEN*er*	cuestionario
queue	KIUi	formar cola
quick	KUIK	rápido
quiet	KUAiet	quieto, tranquilo
quit	KUIT	dejar algo, salir
quiver	KUIV*er*	vibrar

Inglés	Pronunciación	Significado
quiz	KUI*S*	programa de preguntas, interrogar
quote	KUOUT	citar (parte de una obra), proponer (un precio)

R

Inglés	Pronunciación	Significado
rabbi	RABai	rabino
rabbit	RABit	conejo
race	REIS	carrera, raza
rack	RAK	estante
radar	REID*a*r	radar
radiation	reidiAISHen	radiación
rag	RAG	trapo
rage	REIY	furia, bramar
raid	REID	asalto, incursión
rail	REIL	riel, barandilla
railroad	REILroud	ferrocarril
rain	REIN	lluvia
rainbow	REINbou	arco iris
raise	REIS	levantar, alzar, aumentar, recaudar, plantear (un asunto)
raisin	REISin	uva pasa
rake	REIK	rastrillo, rastrillar
rally	RALi	congregarse

Inglés	Pronunciación	Significado
ramble	RAMbl	excursión, excursionar, divagar
rampage	RAMpiy	arrasar
rampant	RAMpant	desenfrenado
random	RAND*o*m	al azar
range	REINY	ámbito, variedad, gama; extenderse, abarcar
rank	RANK	rango, filas,
rapid	RAPid	rápido
rapport	raPOR	relación (de comunicación)
rarely	RERli	rara vez
rash	RASH	erupción, impetuoso,
rate	REIT	velocidad, ritmo, evaluación
rather	RA*De*r	preferir; bastante
rationale	RASHional	razones, base
rattle	RATL	traqueteo
ravage	RAViy	saquear
rave	REIV	delirar, alabar con entusiasmo, despotricar
raven	REIVn	cuervo, negro azabache
ravenous	RAVen*us*	hambriento
ravine	raVIN	barranco

Inglés	Pronunciación	Significado
ravishing	RAVishing	deslumbrante, magnífico
raw	RO	crudo, sin refinar
ray	REI	rayo
razor	REI*S*r	navaja de afeitar
reach	RICH	alcanzar
react	riAKT	reaccionar
read	RID	leer
	RED	leyó (pretérito de read)
ready	REDi	listo
real	RIL	real
realm	RELM	reino
reap	RIP	cosechar
rear	RIR	parte de atrás
reason	RI*So*n	razón
rebound	riBAOUND	rebotar
rebuke	riBIUK	reprender, reprimenda
recall	riKOL	recordar
receipt	riSIT	recibo
receive	riSIV	recibir
recent	riSENT	reciente
recess	RIses	receso
recipe	REsipi	receta de cocina

Inglés	Pronunciación	Significado
reckless	REKles	imprudente
reckoning	REKoning	cálculo, juicio
recognize	REKognais	reconocer
reconcile	REKonsail	reconciliar
recover	riKOV*er*	recuperar, recuperarse
recruit	riKRUT	recluta, reclutar
red	RED	rojo
redemption	riDEMPshen	redención
reduce	riDIUS	reducir
reef	RIF	arrecife
reel	RIL	carrete, tambalearse, enrollar
refer	riFER	referirse
refrain	riFREIN	abstenerse
refuge	REFuy	refugio
refund	riF*U*ND	reembolsar
refurbish	riFURbish	renovar, restaurar
refuse	riFIUS	negarse
regard	riGARD	considerar
regime	re**Y**IM	regimen
region	RI*yon*	región
regret	riGRET	lamenter
regulate	REGiuleit	regular

Inglés	Pronunciación	Significado
rehabilitate	ri*j*aBILiteit	rehabilitar
rehearsal	ri*J*ERsal	ensayo
reign	REIN	reino, reinado, reinar
rein	REIN	rienda
reject	riYEKT	rechazar
rejoice	riYOIS	alegrarse
relapse	riLAPS	sufrir una recaída
relative	REL*a*t*i*v	pariente, familiar
relay	riLEI	relevo, transmitir
release	riLIS	liberar, soltar, dar a conocer, arrojar
relentless	reLENTles	implacable, incesante
reliable	riLAIabl	confiable
relief	riLIF	alivio, ayuda
relieve	riLIV	calmar, aliviar, relevar
reluctant	riL*U*Kt*a*nt	renuente
rely	riLAI	confiar
remain	riMEIN	permanecer
remainder	riMEIND*e*r	el resto, lo que queda
remarkable	riMARKabl	extraordinario
remember	riMEMbr	recordar
remind	riMAIND	hacer que alguien recuerde

Inglés	Pronunciación	Significado
remorse	riMORS	remordimiento
removal	riMUVL	extracción, eliminación
renowned	riNOUND	de renombre
repeal	riPIL	revocar
replace	riPLEIS	reemplazar
reply	riPLAI	respuesta
reputation	repiuTEISH*e*n	reputación
require	riKUAIR	requerir
requisite	reKUISit	requisito
rescue	RESkiu	rescate
research	riSERCH	investigación, estudio
resign	riSAIN	renunciar
resort	riSORT	centro turístico
resource	riSOURS	recurso
respect	risPEKT	respeto
responsible	risPONs*i*bl	responsable
result	riS*U*LT	resultado
retail	riTEIL	vender al por menor
retain	riTEIN	conservar
retire	riTAIR	jubilarse
retrieve	riTRAIV	recuperar
return	riT*U*RN	regresar
reveal	riVIL	revelar

Inglés	Pronunciación	Significado
revenge	riVENY	venganza
review	riVIU	reseña, reconsiderar
revision	reVISH*o*n	revisión
revolt	riVOLT	revuelta, sublevación
reward	riUARD	recompensa, recompensar
rhyme	RAIM	rima
rhythm	RI*D*M	ritmo
ribbon	R*I*B*o*n	cinta, listón
rice	RAIS	arroz
rich	RICH	rico
riddle	RIDL	adivinanza
ride	RAID	transportarse a caballo o dar un paseo en auto
ridge	RIY	protuberancia, cresta, arrecife
rifle	RAIFL	rifle
right	RAIT	correcto, derecha (mano)
rigid	R*I*Y*i*d	rígido
rigorous	R*I*G*o*rous	riguroso
ring	R*I*NG	anillo, círculo, aro, cuadrilátero (boxeo), sonido de timbre o de

Inglés	Pronunciación	Significado
		teléfono, repicar, telefonear, resonar, rodear
riot	RAIot	disturbio
ripe	RAIP	maduro
ripple	R*I*PL	ondulación
rise	RAIS	elevarse
risk	R*I*SK	riesgo, arriesgar
ritual	R*I*CH*ua*l	ritual
rival	RAIV*a*l	rival
river	RIV*e*r	río
road	ROUD	camino
roast	ROUST	asado, tostado, asar
robbery	R**O**Beri	robo
robe	ROUB	traje de ceremonia, toga, bata
rock	R**O**K	roca
role	ROUL	papel (en obra teatral)
roll	ROL	panecillo, rollo, redoble, lista, rodar, revolcar, moverse
roof	RUF	techo
room	RUM	cuarto
root	RUT	raíz

Inglés	**Pronunciación**	**Significado**
rope	ROUP	cuerda
rose	ROUS	rosa
rotten	ROT*e*n	podrido
rough	R*U*F	rudo, áspero, escabroso, duro, brusco, tosco, en borrador
round	RAUND	redondo
routine	ruTIN	rutina
row	ROU	fila, serie, remar
royal	ROI*a*l	real (de la realeza)
rubber	R*U*B*e*r	hule
rubbish	R*U*B*i*sh	basura
rude	RUD	rudo
rugged	R*U*Ged	escarpado, accidentado, escabroso, fuerte, resistente, tosco
ruin	RU*i*n	ruina
rule	RUL	regla, reglamento, gobierno, gobernar
rumble	R*U*Mbl	sonido sordo
rumiante	RUm*i*neit	rumiar
rummage	R*U*Miy	rebuscar
run	R*U*N	correr, pasar (un río), postularse (un politi-

Inglés	**Pronunciación**	**Significado**
		co), estar en marcha (un motor), extenderse (una calle)
rush	R*U*SH	prisa, apresurarse, correr hacia
rustle	R*U*SL	susurro, crujido
rusty	R*U*Sti	oxidado
ruthless	RU*D*les	despiadado

S

Inglés	Pronunciación	Significado
sack	SAK	costal, despedir a alguien del trabajo
sacred	SEIKred	sagrado
sacrifice	SAKrifais	sacrificar, sacrificio
sacrilege	SAKr*i*ley	sacrilegio
sad	SAD	triste
saddle	SADL	silla de montar, cargarse de obligaciones
safe	SEIF	seguro, sin riesgo, caja fuerte
sagacity	*sa*GASiti	sagacidad
said	SED	dijo (pretérito de "say", decir)
sail	SEIL	navegar, vela de barco
Saint	SEINT	santo
sake	SEIK	en beneficio de alguien, en nombre de alguien
salad	SAL*a*d	ensalada
salary	SAL*a*ri	salario
sale	SEIL	venta
sales pitch	SAILSpich	argumentos de ventas

Inglés	**Pronunciación**	**Significado**
salt	SOLT	sal
salvage	SALv*i*y	rescatar, salvar, salvamento
same	SEIM	mismo
sample	SAMpl	muestra
sanction	SANKshon	sanción
sand	SAND	arena
sanguinary	SANguinari	sanguinario
sanitation	SAN*i*taish*o*n	condiciones de salubridad, servicios sanitarios
sanity	SAN*i*ti	cordura, sensatez
sapphire	SAFair	safiro
satellite	SAT*e*lait	satélite
satisfactory	sat*i*sFAKt*o*ri	satisfactorio
Saturday	SAT*u*rdei	sábado
sauce	SOS	salsa
saucer	SOS*e*r	platillo
saucepan	SOSpan	cacerola
sausage	SOS*i*y	salchicha
savage	SAV*i*y	salvaje
save	SEIV	salvar, ahorrar
saw	SO	pretérito de "see", ver serrote, cortar con...

Inglés	Pronunciación	Significado
say	SEI	decir
scale	SKEIL	escala
scandal	SKANd*a*l	escándalo
scarce	SKARS	escaso
scare	SKER	asustar
scary	SKERi	atemorizante
scatter	SKAT*e*r	esparcir
scene	SIN	escena
scent	SENT	aroma
schedule	SKEDyul	programa, calendario, horario, programar
scheme	SKIM	esquema, ardid, plan, conspirar
school	SKUL	escuela
science	SAI*e*ns	ciencia
scientist	SAI*e*ntist	científico
scissors	S*I*S*o*rs	tijeras
scold	SKOLD	regañar
scope	SKOUP	alcance
score	KSOUR	resultado (de un partido), marcador, marca, destacarse
scorn	SKORN	desdeñar

Inglés	Pronunciación	Significado
Scotland	SKOTland	Escocia
scoundrel	SKOUNdrel	pillo
scout	SKAUT	explorador
scramble	SKRAMBL	prisa caótica, mezclar
scrap	SKRAP	trocito, desechar
scrape	SKREIP	raspar, rascar, lío
scratch	SKRATCH	rascar
scream	SKRIM	gritar
screen	SRKIN	pantalla
screw	SKRU	tornillo, atornillar
scribble	SKR/BL	anotar rápidamente
scrub	SKR*U*B	maleza, restregar
sculpture	SK*U*LPchur	escultura
sea	SI	mar
seal	SIL	sello, cierre, foca; sellar
search	SERCH	registrar, catear, revisar, búsqueda, inspección
season	SISon	temporada, estación
seat	SIT	asiento
second	SEK*o*nd	segundo
secret	SIKr*e*t	secreto
secretary	SEKret*a*ri	secretario(a)
section	SEKsh*o*n	sección

Inglés	**Pronunciación**	**Significado**
security	seKIURiti	seguridad
see	SI	ver
seed	SID	semilla
seem	SIM	parecer
segregate	SEGregeit	segregar
seize	SI*S*	agarrar, confiscar
seldom	SELd*o*m	pocas veces
sell	SEL	vender
seminar	SEM*i*n*a*r	seminario
send	SEND	mandar
senior	SIN*ie*r	superior (en rango), de más edad, estudiante del último año de la carrera
sensibility	sens*i*BIL*i*ti	sensibilidad
sentence	SENtens	oración (gramatical), condena, sentencia sentenciar
sentimental	sent*i*MENtl	sentimental
separate	SEP*a*r*e*t	separar, separado
sequence	SIKuens	secuencia
serene	seRIN	sereno(a)
series	SIR*ie*s	serie
serious	SIR*io*s	serio

Inglés	Pronunciación	Significado
servant	SERv*a*nt	sirviente
service	SERv*i*s	servicio
session	SESH*o*n	sesión
seven	SEVn	siete
seventeen	sev*e*nTIN	diecisiete
seventh	SEVnz	séptimo
seventy	SEV*e*nti	setenta
several	SEV*era*l	varios
severe	seVIR	severo
sew	SO	coser
shade	SHEID	sombra
shadow	SHADou	sombra
shake	SHEIK	sacudir, impresionar, temblar, saudida
shallow	SHALou	poco profundo
shame	SHEIM	vergüenza
shape	SHEIP	forma, condición, dar forma
share	SHER	compartir
sharp	SHARP	con filo, puntiagudo, agudo, intenso, definido, cortante
shatter	SHAT*er*	hacer añicos

Inglés	Pronunciación	Significado
shave	SHEIV	afeitarse, afeitada
she	SHI	ella
sheep	SHIP	oveja
sheer	SHIR	puro, escarpado
sheet	SHIT	sábana, hoja (de papel), lámina, cortina (de agua)
shelf	SHELF	estante
shell	SHEL	cáscara, concha, armazón
shelter	SHEL*ter*	refugio, refugiarse, proteger
shepherd	SHEP*e*rd	pastor
shield	SHILD	escudo, proteger
shift	SHIFT	cambiar, cambio
shine	SHAIN	brillar
shipment	SHIPment	remesa, embarque
shipwreck	SHIPr*e*k	naufragio
shirt	SH*I*RT	camisa
shock	SHOK	impacto, choque, horrorizar
shoe	SHU	zapato
shoot	SHUT	disparar
shop	SHOP	tienda, comprar

Inglés	Pronunciación	Significado
shore	SHOR	orilla (del mar, de un lago)
shortage	SHORTiy	escasez
shorten	SHORT*en*	acortar
shot	SHOT	disparo
should	SHUD	debería
shoulder	SHOULD*er*	hombro, echar al hombro
shout	SHAUT	gritar
shove	SHOUV	empujar
shovel	SHOV*el*	pala, palear
show	SHOU	mostrar, demostrar, verse, espectáculo
shower	SHAU*er*	ducha, chubasco
shredder	SHRED*er*	trituradora (de papel)
shrewd	SHRUD	astuto, hábil
shriek	SHRIK	chillar
shrimp	SHR*I*MP	langostino, camarón
shrink	SHR*I*NK	encoger, achicarse, psiquiatra
shudder	SH*U*D*er*	temblar, estremecerse
shut	SH*U*T	cerrar, encerrar
shy	SHAI	tímido(a)

Inglés	Pronunciación	Significado
sick	S*I*K	enfermo, mareado
side	SAID	lado
sigh	SAI	suspirar
sight	SAIT	vista, mira (de un arma), avistar
sign	SAIN	signo, señal, indicio, letrero; firmar
silence	SAIL*e*ns	silencio
silly	S*I*Li	tonto
silver	S*I*Lv*e*r	plata
simplify	S*I*Mpl*i*fai	simplificar
simultaneous	s*i*mlTEIN*us*	simultáneo
since	S*I*NS	desde
singer	S*I*NG*e*r	cantante
single	S*I*NGL	único, solo, individual, soltero(a), sencillo
sink	S*I*NK	hundir, hundirse, descender, fregadero
siren	SAIR*e*n	sirena
sister	SISt*e*r	hermana
site	SAIT	sitio, lugar, ubicación
situation	s*i*t*u*AIsh*e*n	situación
sixteen	s*i*xTIN	dieciséis

Inglés	Pronunciación	Significado
sixty	S*I*Xti	sesenta
size	SAI*S*	tamaño, magnitud, talla
skate	SKEIT	patín, patinar
sketch	SKECH	bosquejo, boceto; hacer bocetos
skill	SK*I*L	destreza
skin	SK*I*N	piel, despellejar, desollar
skip	SK*I*P	saltar, omitir, saltarse
skirt	SK*I*RT	falda
skull	SK*U*L	cráneo
sky	SKAI	cielo, firmamento
slave	SLEIV	esclavo, trabajar como esclavo
sleep	SLIP	dormir
sleeve	SLIV	manga
slender	SLENd*e*r	esbelto
slice	SLAIS	rebanada, rodaja, cortar en rebanadas
slide	SLAID	deslizarse, tobogán, diapositiva
slight	SLAIT	ligero, delgado, desaire; desairar

Inglés	Pronunciación	Significado
slope	SLOUP	pendiente, barranca
sloppy	SLOPi	descuidado
slow	SLOU	lento
sluggish	SL*U*G*i*sh	lento
slumber	SL*U*MBer	sueño, dormir
small	SMOL	pequeño
smart	SMART	inteligente
smile	SMAIL	sonrisa
smoke	SMOUK	humo
smolder	SMOULD*e*r	arder sin llama
smooth	SMU*D*	liso, suave, fluido
smuggler	SM*U*GL*e*r	contrabandista
snake	SNEIK	culebra, serpiente
snatch	SNACH	arrebatar
sneak	SNIK	meter de contrabando, escabullirse
snow	SNOU	nieve
soak	SOUK	remojar
soap	SOUP	jabón
social	SOUsh*a*l	social
society	*s**o*SAI*e*ti	sociedad
soil	SOIL	tierra, ensuciar
soldier	SOL*y**e*r	soldado

Inglés	Pronunciación	Significado
solemnity	*so*lEMmn*i*ti	solemnidad
sometime	SOMtaim	alguna vez
soon	SUN	pronto
sore	SOR	adolorido, llaga
sorrow	SORou	tristeza, pesar
sound	SAUND	sonido, sonar, sano, sensato
soup	SUP	sopa
sour	SAUR	ácido, agrio
source	SOURS	origen, fuente
south	SAUZ	sur
sovereign	SOVr*e*n	soberano
space	SPEIS	espacio
spare	SPER	objeto adicional o de repuesto, no necesitar
speak	SPIK	hablar
specialize	SPESH*a*lais	especializarse
speculate	SPEKiuleit	especular
speed	SPID	velocidad
spice	SPAIS	especia, condimentar
spinal cord	SPAIN*a*l KORD	medula espinal
spiritual	SP*I*R*i*ch*ua*l	espiritual
spite	SPAIT	malicia, rancor; molestar

Inglés	Pronunciación	Significado
sponge	SPON**Y**	esponja
spoon	SP**U**N	cuchara
spotlight	SP**O**Tlait	reflector
spread	SPRED	extender, desplegar, untar, aplicar (algo a una superficie), propagarse
spring	SPRING	saltar, brotar, surgir; primavera
spy	SPAI	espía, espiar
square	SKUER	cuadrado, plaza, escuadra, honesto, cuadrar, saldar cuentas, conciliar
squeeze	SKUI*S*	apretón, apretar
stabilize	STEIb*i*laiz	estabilizar
stage	STEI**Y**	escenario, etapa, fase, organizar, montar, poner en escena
stagger	ST**A**G*e*r	tambalearse, dejar asombrado a alguien
stain	STEIN	mancha, manchar
staircase	STEIRkeis	escaleras
stake	STEIK	estaca, apuesta, apostar participación o interés en algo

Inglés	Pronunciación	Significado
stammer	STAM*er*	tartamudear
stand	STAND	postura, posición, base, pedestal, pabellón, estrado, estar de pie, pararse, quedarse, permanecer, colocar, soportar
stare	STER	mirar fijamente
starve	STARV	morir de hambre
state	STEIT	estado; exponer, plantear
station	STEIsh*o*n	estación
steady	STEDi	firme, constante, tranquilizar, sujetar (para que no se mueva)
steak	STEIK	filete
steal	STIL	robar
steam	STIM	vapor
steel	STIL	acero
steer	STIR	dirigir, conducir, gobernar; estar al timón o al volante
steward	STU*ua*rd	camarero
stimulate	STIMiuleit	estimular
stock	STOK	reserva, acciones (inversiones), ganado, surtir, abastecer

Inglés	**Pronunciación**	**Significado**
stone	STOUN	piedra
store	STOR	reserva, provisión, almacén, almacenar
stove	STOUV	estufa, hornillo
straight	STREIT	recto, liso, lacio, derecho
strange	STREN**Y**	extraño
straw	STRO	paja
stream	STRIM	arroyo
street	STRIT	calle
strength	STRENGZ	fuerza
strike	STRAIK	golpear, atacar, dar con algo; ocurrírsele algo a alguien; golpe, huelga
stroke	STROUK	golpe, pincelada, acariciar
strong	STR**O**NG	fuerte
sruggle	STR*U*GL	lucha
style	STAIL	estilo
subject	S*U*Byekt	sujeto, tema, materia (en la escuela)
súbdito	*su*b**Y**ECT	someter
sublime	*su*BLAIM	sublime
submerge	*su*bMER**Y**	sumergirse

Inglés	Pronunciación	Significado
subscriber	s*u*bsKRAIB*e*r	suscriptor
subtle	S*U*TL	sutil
suburban	s*u*B*U*RB*a*n	suburbano
succeed	s*u*kSID	dar resultado, tener éxito, subir al trono, seguir
success	s*u*kSES	éxito
suffering	S*U*F*e*ring	sufrimiento
sugar	SHUG*a*r	azúcar
suggestion	s*u*gYESch*o*n	sugerencia
suicide	SU*i*said	suicidio
summarize	S*U*M*a*rais	resumir
Sunday	S*U*Ndei	domingo
superior	s*u*PIRi*o*r	superior
supply	s*u*PLAI	suministro, provisiones, existencia, abastecer
suppose	s*u*POUS	suponer
supreme	s*u*PRIM	supremo
sure	SHUR	seguro
surface	S*U*Rf*a*s	superficie
surgery	S*U*Ry*e*ri	cirugía
surround	suRAUND	rodear
survey	S*U*Rvi	medir, inspeccionar,

Inglés	Pronunciación	Significado
		hacer una reseña, encuestar, encuesta
survival	*su*rVAIV*a*l	supervivencia
suspect	*su*sPEKT	sospechar
suspicion	*su*sPISH*o*n	sospecha
swallow	SUALou	tragar
swear	SUER	jurar
sweat	SUET	sudor, sudar
sweep	SUIP	barrer
sweet	SUIT	dulce
swing	SUING	columpio, columpiarse, mecerse, hacer oscilar, oscilación, cambio
switch	SUICH	cambiar, desviar, interruptor, llave
sympathy	S*I*Mp*a*zi	simpatía

T

Inglés	Pronunciación	Significado
table	TEIBL	mesa
tabulate	TABiuleit	tabular
tackle	TAKL	enfrentar, abordar
tactful	TAKTful	diplomático, con tacto
tail	TEIL	cola (de animal), seguir de cerca
tailor	TEIL*or*	sastre
take	TEIK	tomar, llevar, aceptar, tolerar
tale	TEIL	relato
talk	TOK	hablar, conversación
tall	TOL	alto
tame	TEIM	manso, dócil
tangent	TANyent	tangente
tangible	TANyibl	tangible
tangle	TANgl	enredar, enredo
tap	TAP	llave (de agua), golpecito, dar un golpecito, intervenir (teléfono)

Inglés	Pronunciación	Significado
tape	TEIP	cinta, pegar con cinta adhesiva
tapestry	TAP*e*stri	tapiz, tapicería
target	TARg*e*t	meta, objetivo
task	TASK	tarea
taste	TEIST	sabor, gusto, probar (comida)
taunt	TONT	provocar, hostigar, burlarse
tax	TAKS	impuesto
tea	TI	té
teach	TICH	enseñar
team	TIM	equipo
tear	TIR	lágrima
tear	TER	romper, rasgar
tease	TIS	molestar
technician	tekN*I*SH*a*n	técnico
technology	tekNOL*o*gi	tecnología
teenage	TINeiy	adolescente (13-19 años)
telegraph	TEL*e*graf	telégrafo
telephone	TEL*e*foun	teléfono
tell	TEL	decir, platicar
temperatura	TEMp*e*r*a*ch*u*r	temperatura

Inglés	**Pronunciación**	**Significado**
temptation	tempTAISH*o*n	tentación
tension	TENsh*o*n	tensión
terminology	t*e*rm*i*NOL*o*yi	terminología
terrace	TER*a*s	terraza
terrible	TERibl	terrible
terrify	TERifai	aterrorizar
testify	TEStifai	testificar
textile	TEKStail	textil
textura	TEKSchur	textura
than	*D*AN	(se usa en comparativos)
thank	ZANK	agraceder
that	*D*AT	ese, esa; aquel, aquella
theater	ZIeit*e*r	teatro
theft	ZEFT	robo
their	*D*EIR	suyo (de ellos)
theme	ZIM	tema
theological	zioLOY*i*kl	teológico
theory	ZI*o*ri	teoría
therapy	ZER*a*pi	terapia
therefore	*D*ERfor	por lo tanto
thermometer	zerMOMet*e*r	termómetro
these	*D*IS	estos, estas
thief	ZIF	ladrón

Inglés	**Pronunciación**	**Significado**
thin	ZIN	delgado
thirsty	ZIRSti	sediento
this	*DIS*	este, esta
thorough	ZORou	cuidadoso, esmerado
though	*D*OU	aunque
thought	ZOT	pensamiento, pensó
thousand	ZAUS*a*nd	mil
threaten	ZRET*e*n	amenazar
three	ZRI	tres
thrill	ZRIL	emoción, emocionarse
throat	ZROUT	garganta
throttle	ZROTL	estrangular, acallar, (mec.) regulador, estrangulador
through	ZRU	a través de, haber terminado algo
throw	ZROU	lanzar, aventar, echar
thrust	ZRUST	empujar, empujón
thumb	ZUM	dedo pulgar
thunder	ZUNd*e*r	trueno, tronar
Thursday	ZURSdei	jueves
thus	*DUS*	así, de ese modo
tickle	T*I*KL	cosquillas

Inglés	Pronunciación	Significado
tide	TAID	marea
tidy	TAIDi	ordenado(a), ordenar, arreglar
tie	TAI	corbata, lazo, empate; anudar, amarrar, atar
tiger	TAIg*e*r	tigre
tight	TAIT	ajustado, apretado, tirante
time	TAIM	tiempo, tomar tiempo
tiptoe	T*I*Ptou	andar de puntillas
tired	TAIRD	cansado(a)
title	TAITL	título
toad	TOUD	sapo
toast	TOUST	pan tostado, brindis, tostar
today	t*u*DAI	hoy
toe	TOU	dedo del pie
together	t*u*GE*D*er	juntos
token	TOUk*e*n	muestra, señal (de sentimientos), algo simbólico
tolerant	T**O**Lerant	tolerante
tolerate	T**O**L*e*reit	tolerar
tomorrow	t*o*MORou	mañana

Inglés	Pronunciación	Significado
tone	TOUN	tono
tongue	T*O*NG	lengua
tonight	t*u*NAIT	esta noche
too	TU	también
tool	TUL	instrumento, herramienta
tooth	TUZ	diente
torture	TORchur	tortura
totally	TOT*a*li	totalmente
touch	T*U*CH	tocar, tacto
tough	T*U*F	fuerte, duro, estricto
tour	TUR	viaje, recorrido, visita, recorrer, viajar
toward	TORD	hacia
towel	TAUL	toalla
tower	TAUR	torre
town	TAUN	ciudad, poblado
trace	TREIS	señal, rastro, detallar, trazar
trade	TREID	comercio, comerciar
tradition	tr*a*DISH*o*n	tradición
tragedy	TRAy*e*di	tragedia
trail	TREIL	huellas, rastro; seguir la pista

Inglés	**Pronunciación**	**Significado**
train	TREIN	tren, séquito, entrenar, estudiar
traitor	TREIT*or*	traidor
trample	TRAMpl	pisotear
tranquil	TRANkuil	tranquilo
transfer	TRANSf*er*	transferir
transformation	transf*or*-MEISH*on*	transformación
transpire	tr*a*nsPAIR	resultar que, transpirar
travel	TRAV*el*	viajar
treacherous	TRECH*eros*	traicionero
treason	TRIS*on*	traición
treasure	TRESH*ur*	tesoro
treat	TRIT	tartar
tree	TRI	árbol
tremble	TREMbl	temblar
tremendous	treMENd*us*	tremendo(a)
trial	TRAI*al*	juicio, prueba, sufrimiento
triangle	TRAIangl	triángulo
tribe	TRAIB	tribu
tribute	TR*I*Biut	tributo
trigger	TR*I*G*er*	gatillo, provocar, desencadenar

Inglés	Pronunciación	Significado
triple	TRIPL	triple
triumph	TRAI*u*mf	triunfo
trolley	TROLi	tranvía
troop	TRUP	tropa, escuadrón, desfilar, salir en tropel
trouble	TR*U*BL	problemas, dificultades, molestia; preocupar, molestarse
true	TRU	verdadero, genuino
trust	TR*U*ST	confianza, confiar
truth	TRUZ	verdad
try	TRAI	intentar, intento
Tuesday	TIUSdei	martes
tumble	T*U*MBL	caerse, retozar
tune	TUN	tonada, afinar (un instrumento)
turn	T*U*RN	turno, vuelta; girar, voltear, volverse o ponerse
twentieth	TUENtiez	vigésimo
twenty	TUENti	veinte
twice	TUAIS	dos veces
twilight	TUAIlait	crepúsculo, penumbra
type	TAIP	tipo

U

Inglés	**Pronunciación**	**Significado**
ugly	*U*Gli	feo
ultimate	*U*Lt*i*m*e*t	final, máximo
umbrella	*u*mBREL*a*	paraguas, sombrilla
umpire	*a*mPAIR	árbitro (béisbol)
unable	*u*nAIBL	no poder hacer algo
unaided	*u*nAIDED	sin ayuda
unbearable	*u*nBER*a*bl	insoportable
unbeatable	*u*nBITabl	invencible
unbelievable	*u*nbiLIB*a*bl	increíble
uncertain	*u*nSERt*e*n	inseguro, incierto
uncle	*U*NKL	tío
uncomfortable	*u*nKOMf*o*rt*a*bl	incómodo
unconscious	*u*nKONsh*us*	inconsciente
under	*U*ND*e*r	debajo, abajo, bajo
undergo	*u*nd*e*rGOU	sufrir, someterse a
underneath	*u*nd*e*rNIZ	debajo
understand	*u*nd*e*rSTAND	entender
understood	*u*nd*e*rSTUD	entendió, entendido
undertake	*u*nd*e*rTEIK	asumir una responsabilidad

Inglés	Pronunciación	Significado
undertaking	*u*nd*e*rTEIKing	compromiso
undesirable	*u*nd*i*SAIRabl	no deseable, no aconsejable
undo	*u*nDU	deshacer
undress	*u*nDRES	desvestir, desvestirse
unearth	*u*nERZ	desenterrar
uneasy	*u*nISI	preocupado, inquieto
unfair	*u*nFEIR	injusto
unfasten	*u*nFASN	desamarrar
unfathomable	*u*nFAZomabl	insondable, incomprensible
unfold	*u*nFOLD	despelgar, desarrollarse
unfortunate	*u*nFORchunet	desafortunado
uniform	IUN*i*f*o*rm	uniforme
unify	IUN*i*fai	unificar
union	IUN*io*n	unión
unique	iuNIK	único
unite	iuNAIT	unir
universe	IUNivers	universo
unkind	*u*nKAIND	poco amable, cruel, malo
unknown	*u*nNOUN	desconocido
unlikely	*u*nLAIKli	poco probable

Inglés	Pronunciación	Significado
unpleasant	*u*nPLES*e*nt	desagradable
unrest	*u*nREST	malestar, disturbios
unseen	*u*nSIN	oculto
unstable	*u*nSTEIBL	inestable
unsuitable	*u*nSUTabl	no apropiado
untie	*u*nTAI	desamarrar
until	*u*nTIL	hasta que
unveil	*u*nVEIL	revelar, dar a conocer
unwilling	*u*nUILing	no dispueso, renuente
unworthy	*u*nUORzi	indigno
upbraid	*u*pBREID	reprender
upheaval	*up*/IV*a*l	levantamiento, agitación, trastorno
upon	*u*PON	sobre (una superficie)
uproar	*u*pROR	tumulto, alboroto
upset	*u*pSET	disgustado, ofendido, preocupado, disgustar, alterar, afectar
upstairs	*u*pSTERS	en el piso de arriba
urgent	*U*Ryent	urgente
use	IUS	uso, utilidad
useful	IUSful	útil
usual	IUSH*ua*l	usual

Inglés	**Pronunciación**	**Significado**
utilize	IUT*i*lais	utilizar
utter	*U*T*e*r	pronunciar; completo, absoluto
utterly	*U*T*e*rli	completamente

V

Inglés	**Pronunciación**	**Significado**
vacancy	VEIK*a*nci	vacante, habitación libre
vacation	veiKEISH*o*n	vacaciones
vaccine	vakSIN	vacuna
vacuum cleaner	VAKium CLIN*e*r	aspiradora
vague	VEIG	vago
vain	VEIN	vanidoso(a)
validity	v*a*L*I*D*i*ti	validez
valuable	VALiu*a*bl	valióso
vaporize	VEIP*o*rais	vaporizar
variable	VER*ia*bl	variable
variety	v*a*RAI*e*ti	variedad
various	VER*ius*	varios, diversos
vase	VEIS	florero
vault	VOLT	bodega, cámara, cava, bóveda
vehicle	VI*i*kl	vehículo
veil	VEIL	velo

Inglés	Pronunciación	Significado
vein	VEIN	vena
velvet	VELv*e*t	terciopelo
venerate	VENereit	venerar
venom	VEN*o*m	veneno
ventilation	VENT*i*laish*e*n	ventilación
verbalize	VERB*a*lais	verbalizar
verge	VERY	borde
verify	VER*i*fai	verificar
versatility	v*e*rs*a*TIL*i*ti	versatilidad
version	VERsh*o*n	versión
very	VERi	muy
vestibule	VESt*i*biul	vestíbulo
vestige	vesTIY	vestigio
viability	vaiaBIL*i*ti	viabilidad
vibrant	VAIbr*a*nt	vibrante
vibrate	VAIbreit	vibrar
vice	VAIS	vicio
vicious	VISH*u*s	malo, despiadado, atroz, malicioso
victimize	VIKt*i*mais	victimizar, tratar injustamente
view	VIU	vista, mirar, considerar
vigil	V*I*Y*i*l	vigilia, velar, mantenerse alerta

Inglés	Pronunciación	Significado
vigorous	V*I*Go*ru*s	vigoroso
village	V*I*L*iy*	pueblo, aldea
villian	V*I*L*e*n	villano
vindicate	V*I*Ndikeit	justificar, reivindicar
vine	VAIN	parra
vinegar	V*I*N*ega*r	vinagre
violation	va*io*LEISH*e*n	violación (de una promesa), incumplimiento, profanación
violence	VAI*o*lens	violencia
violin	VAIOl*i*n	violín
virgin	V*I*Ry*i*n	virgen
virtue	V*I*Rchu	virtud
virus	VAIR*u*s	virus
visage	V*I*Siy	semblante
vision	V*I*SH*o*n	visión
visitor	V*I*S*i*t*o*r	visitante
visualize	V*I*SH*ua*lais	visualizar
vital	VAIT*a*l	vital
vitamin	VAIT*a*m*i*n	vitamina
vivacious	v*i*VAISH*u*s	vivaz, lleno de vida
vocation	v*o*KAIsh*o*n	vocación
vogue	VOG	moda, en boga

Inglés	Pronunciación	Significado
voice	VOIS	voz
volcano	volKEINo	volcán
volume	VOLium	volumen
volunteer	VOL*u*ntir	voluntario, ofrecerse como voluntario
voracious	v*o*rAISH*u*s	voraz
vote	VOUT	voto, votar
voucher	VAUCH*e*r	vale, cupón, comprobante
vow	VAU	voto, hacer voto, promesa
vowel	VAU*e*l	vocal
voyage	VOIey	viaje, travesía
vulcanize	V*U*Lk*a*nais	vulcanizar
vulture	V*U*Lch*u*r	buitre

W

Inglés	**Pronunciación**	**Significado**
wage	UEY	salario, hacer guerra
wagon	UAG*o*n	carreta, camioneta
waist	UEIST	cintura
wait	UEIT	esperar
waiter	UEIT*e*r	mesero
waitress	UEITres	mesera
wake	UEIK	despertar
walk	UOK	caminar, caminata, paseo a pie
wall	UOL	pared
walnut	UOLn*u*t	nuez
waltz	UOLS	vals, bailar vals
wander	UANd*e*r	caminar sin rumbo fijo, deambular
want	UANT	querer, necesidad
war	UAR	guerra
warden	UARD*e*n	guardián, encargado
wardrobe	UARDroub	ropero, vestuario
warehouse	UER*j*aus	almacén, bodega

Inglés	Pronunciación	Significado
warm	UARM	templado, cálido, cariñoso, calentar, calentarse
warn	UARN	advertir
warning	UARNing	advertencia
warrant	UAR*a*nt	justificar, garantizar; autorización, orden
wash	UASH	lavar
waste	UEIST	desperdicio, derroche; residuos, desperdiciar, yermo
watch	UACH	reloj de pulsera, vigilancia; observar, ver televisión
water	UAT*e*r	agua
wave	UAIV	ola, oleada; agitar (la mano)
wax	UAX	cera
way	UEI	camino, dirección, manera, costumbre
we	UI	nosotros
weak	UIK	débil
wealth	UELZ	riqueza
wear	UER	uso, llevar puesto, desgastar

Inglés	**Pronunciación**	**Significado**
weary	UIRi	cansado
weather	UE*De*r	clima, tiempo
weave	UIV	tejer
wedding	UEDing	boda, matrimonio
wedge	UEDY	cuña
weed	UID	mala hierba; deshierbar
week	UIK	semana
weep	UIP	llorar
weigh	UEI	pesar
weight	UEIT	peso
welcome	UELc*o*m	bienvenida
welfare	UELfer	bienestar
well	UEL	bien
west	UEST	oeste
wet	UET	mojado
whale	*J*UEIL	ballena
what	*J*UAT	qué
whatever	*j*uatEVer	cualquier cosa
wheel	*J*UIL	rueda
when	*J*UEN	cuándo
where	*J*UER	dónde
whether	*J*UE*De*r	ya sea que
which	*J*UICH	cuál

Inglés	Pronunciación	Significado
while	/UAIL	mientras
whip	/UIP	látigo, fusta; azotar
whirl	/UIRL	girar
whisker	/UISK*e*r	bigote
whisper	/UISP*e*r	susurrar, susurro
whistle	/UISL	silbar, chiflar
white	/UAIT	blanco
who	/U	quién
whole	/OUL	completo
whom	/UM	a quién
whose	/US	de quién
why	/UAI	por qué
wicked	UIK*e*d	malvado
wide	UID	ancho
widow	UIDou	viuda
wife	UAIF	esposa
wild	UAILD	salvaje, desenfrenado, embravecido, silvestre
wilderness	UILD*e*rnes	páramo
willing	UILing	servicial
willow	UILou	sauce
win	UIN	ganar
wince	UINS	gesto de dolor

Inglés	Pronunciación	Significado
wind	UIND	viento
winding	UAINDing	curva
window	UINDou	ventana
wine	UAIN	vino
wing	UING	ala
winter	UINT*er*	invierno
wipe	UAIP	limpiar, pasarle un trapo
wire	UAIR	alambre
wiring	UAIRing	instalacion eléctrica
wisdom	UISd*o*m	sabiduría
wise	UAIS	sabio
wish	UISH	deseo
with	UI*D*	con
withdraw	uiDRO	retirar, retirarse
withhold	uizJOULD	ocultar, retener
within	ui*D*IN	dentro
without	ui*D*AUT	sin
witness	UITnes	testigo
wizard	UI*S*ard	mago
wolf	U*U*LF	lobo
woman	U*U*man	mujer
womb	U*U*MB	útero

Inglés	**Pronunciación**	**Significado**
women	UIM*e*n	mujeres
wonder	UOND*er*	preguntarse, asombrarse, asombro
wood	U*U*D	madera
wool	U*U*L	lana
word	U*E*RD	palabra
work	U*E*RK	trabajo
world	U*E*RLD	mundo
worn	U*E*RN	desgastado
worry	U*E*Ri	preocupado
worse	U*E*RS	peor
worst	U*E*RST	lo peor
worth	U*E*RZ	valor de algo
worthy	U*E*R*D*I	digno
would	U*U*D	(auxiliar en condicionales)
wound	U*U*ND	herida
wrap	RAP	envolver
wreck	REK	naufragio, ruina; hacer naufragar, destrozar
wrestle	RESL	luchar, forcejear
wretched	RECHed	desdichado, horrible
wrinkle	RINkl	arruga, arrugar

Inglés	Pronunciación	Significado
wristwatch	RISTu*a*ch	reloj de pulsera
write	RAIT	escribir
wrong	RONG	equivocado, erróneo

X

Inglés	Pronunciación	Significado
X-ray	EKSrei	rayos X
xylophone	SAIL*o*foun	xilófono

Y

yatch	IAT	yate
yard	IARD	patio, depósito, yarda
yarn	IARN	hilo, historia
yawn	ION	bostezar
year	IER	año
yearning	IERNing	anhelo
yell	IEL	gritar, grito
yellow	IELou	amarillo
yes	IES	sí
yesterday	IESt*e*rdei	ayer
yet	IET	todavía
yield	I/LD	ceder, producir, rendimiento
you	IU	tú, usted

Inglés	**Pronunciación**	**Significado**
young	IONG	joven
youth	IUZ	juventud

Z

zeal	*S*IL	fervor, celo
zelous	*S*EL*us*	ferviente, entusiasta
zero	*S*IRou	cero
zest	*S*EST	entusiasmo
zone	*S*OUN	zona
zoo	*S*U	zoológico
zoologist	sou-*a*LOY*i*st	zoólogo
zoom	*S*UM	zumbido, pasar como bólido

Índice

Introducción 5
A 11
B 23
C 33
D 49
E 61
F 73
G 83
H 91
I 99
J 107
K 109
L 111
M 119
N 129
O 133
P 137
Q 149
R 151

S 161
T 179
U 187
V 191
W 195
X, Y 203
Z 204

TÍTULOS DE ESTA COLECCIÓN

El abc del inglés.
Jesse Ituarte

Diccionario español/inglés

Diccionario Gran Tomo
inglés-español (pasta rústica)

Diccionario Gran Tomo
inglés-español (pasta dura)

Diccionario Webster's Pocket.
Ilustrado inglés-español/español-inglés

Inglés para la vida diaria.
Jesse Ituarte

Las 4000 palabras más usadas en inglés.
Jesse Ituarte

Esta obra se Imprimió
En los talleres de
IMPRESOS MEGAUNIÓN S. A. de C.V.
Calle 10 № 1 esq. Av 6 pte
Col. Renovación Deleg. Iztapalapa
C. P. 09209 México D. F.
Tel: 15 46 31 62